BUT? 1

를 바꾼 인권 선언

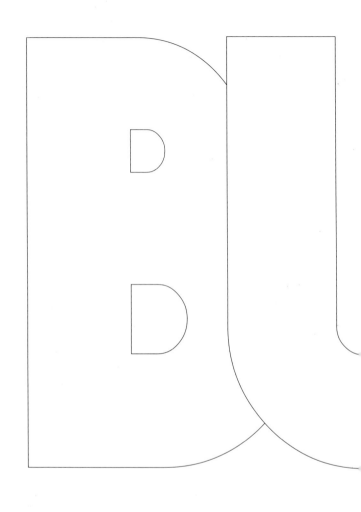

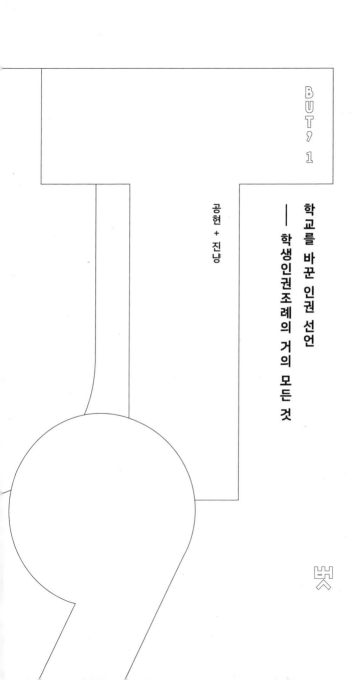

BUT9 1

**학교를 바꾼 인권 선언**

**── 학생인권조례의 거의 모든 것**

공현 + 진냥

빗

차례

## 학생인권조례,
## 아직과 이미 사이에서

"차별과 폭력 없는 학교를 만듭시다!" 2011년 서울 학생인권조례 주민 발의 서명을 모으면서 하루에도 수십 번씩 외쳤던 말이다. 토론회나 언론 인터뷰에선 이런 이야기도 수없이 했다. "학생도 인간이다. 인권은 교문 앞에서 멈춰선 안 된다. 학생들은 학교에서도 인격을 존중받으며 인간답게 생활할 수 있어야 한다." 이런 당연하고도 자명한 듯한 말들이 학생인권조례가 만들어진 이유와 의미를 설명해 준다고, 나는 생각한다.

어떤 이들은 그런 당연하고 뻔한 이유라면 학생인권

조례가 왜 굳이 필요하냐고 말한다. 다른 나라에는 유례가 없다는 이야기도 한다. 이는 바로 그 당연한 일들이 한국의 학교에서는 수십 년 동안 이뤄지지 않아 왔다는 점을 간과한 것이다. 민주주의가 발달했다면서 공교육 기관에서 각종 폭력과 전체주의적 규율, 인권 침해가 만연한 나라가 드물다는 사실을 외면한 것이다. 학생인권조례는 정부와 교육 당국과 학교가 학생의 보편적인 인권을 보장할 의무를 가진다는 지켜지지 않던 원칙을 현실로 만들기 위한 제도적 수단이다.

헌법학자 김두식은 헌법적 기본권의 정신을 "인정한다. 그러나……"를 극복하고 "그럼에도 불구하고"라고 하는 것이라고 한 바 있다.* "학생도 인간이고 인권이 있다는 걸 인정한다. 그러나……"라며 이런저런 이유를 들어 실제론 학생의 인권을 부정하는 것이 지금까지 우리 사회가 학생인권에 대해 취해 온 태도였다. 청소년인권운동은 이에 맞서 "우려 사항이나 어려움은 알겠다. 그럼에도 불구하고" 하며 학생의 인권을 보장

* 김두식(2004), 《헌법의 풍경》, 교양인.

하라고 촉구했다. 인권을 지키는 일이야말로 국가와 사회가 다해야 할 가장 기본적 의무이며, 이를 우선순위에 두고 걸림돌을 해결해야 마땅하기 때문이다. 기본을 지키지 못하면서 '관행', '교육상 필요' 등의 핑계를 드는 것은 부끄러워해야 할 일이다.

그런데 학생인권조례에 대한 오해와 공격은 점점 심해져, 이제는 "인정한다. 그러나……"도 아니고 "학생에게 무슨 인권이냐, 인권은 나쁘다, 인정할 수 없다"라고 하는 데까지 이른 듯 보인다. 특히 2022년 이후 학생인권조례를 폐지하거나 명백히 개악·후퇴시키려는 움직임이 나타나고 있다. 그러면서 오해와 공격은 잦아들기는커녕 점점 더 커지고 있다. 부당한 공격에 비하면 학생인권조례의 내용과 의미를 알리고 효과와 한계를 평가하려는 노력은 너무나 부족해 보인다.

학생인권조례라는 제도가 등장한 지 10년이 넘었고, 학교 현장에 불러온 변화가 작지 않다. 그럼에도 기본적인 사실 관계를 정확히 정리해 놓은 자료조차 찾아보기 쉽지 않다. 전국적으로 학생인권조례가 폐지·후퇴의 위기에 직면하고 있는 여러 이유 중 하나는 정확한 정보와 정당한 평가가 공유되지 못했기 때문은 아닐까. 우리 사회·교육계의 상대적 무관심 그리고 악성 정보만 만연해 있는 현실에 깊은 아쉬움이 든다. 또한 진작에 학생인권조례를 알리기 위한 노력을 충분히 하지 못했음을 반성하며, 이 책의 집필을 더욱 서두르게 되었다. 집필 과정에 참고한 여러 선행 연구를 비롯해 책이 나오기까지 도움을 준 모든 분들에게 감사를 표한다. 또한 이 책이 계기가 되어 향후 더 많은 연구와 도서가 나오고, 학생인권조례 및 학생인권에 관하여 건전한 사회적 논의가 확산되기를 기대한다.

## 학생인권조례의 역사부터 과제까지

이 책의 저자들은 오랜 세월 청소년인권 운동을 해 오며 학생인권조례 제정 운동에 참여한 활동가들이다. 저자 중 공현은 2009년에 경기 학생인권조례 제정을 위한 연구 용역팀에 소속되어 현재 학생인권조례들의 얼개에 영향을 미친 조례안을 함께 작성한 바 있다. 이 책에서는 학생인권조례의 역사와 배경, 제정 과정, 학생인권조례가 만든 변화 등의 주제를 맡아서 썼다. 다른 저자 진냥은 대구와 경남에서의 학생인권조례 운동에 참여하였으며, 이 책에는 교사로서, 활동가로서, 연구자로서, 그리고 비非제정 지역의 시민으로서 학생인권조례에 대해 나누고자 하는 이야기들을 담았다.

직접 조례안 작성에 참여하지 않았더라도 청소년인권운동 활동가들은 모두 학생인권조례의 공동 저자라고 할 수 있다. 학생인권조례에 담긴 인권 기준과 내용은 청소년인권운동이 주장한 내용, 활동으로 이끌어 낸 판례·결정례 등이 반영된 것이기 때문이다. 이 책은 학생인권조례의 공동 저자들이 그것을 정확하고 올바르게 이해할 수 있도록 정확한 정보를 풀어 쓴 해설이자 입문서인 셈이다. 다만 이 책이 학생인권조례의 모든 것을 빠짐없이 담았다고는 할 수 없어서 부제는 "학생인권조례의 거의 모든 것"으로 달았다. 예컨대 여러 비제정 지역에서 있었던 시도, 지역별 조례안에 대한 기록과 평가를 포함시키지 못한 점은 아쉽다.

책의 1부 '학생인권조례의 모든 것'에서는 학생인권

조례에 관한 기본적인 배경과 정보를 다룬다. 학생인권조례가 한국 사회의 어떠한 역사적·사회적 배경 속에 탄생했는지, 각 지역에서 언제 어떤 과정을 거쳐서 제정되었는지를 정리했다. 학생인권조례가 결코 몇몇 교육감에 의해 만들어진 것이 아님을 알 수 있을 것이다. 학생인권조례가 어떤 취지와 가치 지향을 담고 있는지, 어떤 변화와 교육을 꿈꾸는지도 설명했다.

2부 '학생인권조례에 대한 다섯 가지 질문'의 내용은 학생인권조례를 두고 자주 듣게 되는 질문에 답하는 일종의 FAQ이다. '왜 학생의 인권만 따로 다루어야 하는가' 같은 질문이나, '차별받지 않을 권리' 조항에 관한 일각에서의 논란, '학생인권조례 때문에 교사들이 힘들다'는 등의 이야기에 대해 때로는 반박하고 때로는 해명한다. 단순한 반박에 그치지 않고 학생인권조례의 확장된 의미, 그리고 인권·교육 문제를 바라보는 관점이 녹아 있는 부분이다.

3부 '학생인권조례가 가진 의미'는 학생인권조례가 실제로 가져온 변화와 파급 효과, 넓은 차원의 의의를 다뤘다. 학생인권조례가 불러온 변화를 경험과 조사 결과를 통해 살펴본다. 학생인권조례의 한계점을 함께 짚으며 앞으로의 과제를 제시한다. 그리고 폐지·후퇴 시도에도 불구하고 학생인권조례가 '폐지'될 수 없는 이유를 이야기하는 글로 책을 마무리한다.

## '첫 번째 변화'를 넘어

학생인권조례는 청소년인권운동이 처음으로 일군 제도적인 성과였고 '변화다운 변화'였다. 그 이전에도 운동을 통해 개별 학교들의 학칙을 개선시킨 적은 여럿 있었다. 하지만 광역 지자체 단위에서 가시적인 변화를 이끌어 낸 것은 경기 학생인권조례가 최초였다. 또한, 실제로 학생인권조례 제정 직후부터 머리카락 길이 규제라든지, 강제 야간자율학습 같은 것들은 사라지거나 감소하기 시작한 것을 체감할 수 있었다.

물론 변화를 만드는 과정이 순탄치는 않았다. 학생인권조례를 무시하고 두발 복장을 규제하는 학칙을 유지 또는 강화하려는 학교들에 맞서 싸우고, 재학생들의 학내 시위나 서명운동에 함께하기도 했다. 학생들에게는 준법을 그렇게 강조하는 학교들이었지만, 엄연한 법으로서 학교가 준수해야 할 학생인권조례는 제대로 안 지키고 무시하기 일쑤였다. 정부에 따라서는 교육부가 학생인권조례 무효 소송을 걸고 법률과 시행령을 개정해 가면서 학생인권조례의 영향력을 축소시키려고 애쓰기도 했다.

학생인권조례 운동 이후로 청소년인권단체 내부에서도 여러 토론이 있었으며, 지금도 고민되는 부분은 많다. 학생인권조례를 계기로 우리의 이야기가 '법을 지켜라'라는 수준에 머무르게 되지는 않았나? 학생인권조례를 홍보하는 데 매진하느라, 다른 의제나 운동 방식, 해야 할 역할들을 소홀히 하게 된 면은 없을까? 제도화라는 방식이나 정부 기관에 의존하게 되는 면에 대한 고민과 성찰은 꼭 필요하다고 생각한다.

그럼에도 나는 학생인권조례 제정이 잘한 일이라고 확신을 갖고 답할 수 있다. 학생인권조례는 민주주의와 인권의 사각지대에 머물기를 고집하던 학교에 찾아온, 아니 우리가 들이민 '첫 번째 변화'였다. 물론 바꾸지 못한 것도 있지만 이를 계기로 바뀐 것이 많고, 그중 어떤 것은 되돌릴 수 없는 변화라고도 생각한다. 이는 청소년인권운동이 학교와 세상을 바꿀 수 있다는 것을 증명한 사건이기도 했다. 조례라는 법의 형식을 띠고 있긴 하지만 학생인권조례를 행정적인 법규를 넘어 학교를 바꾼 인권 선언이자 청소년인권운동의 결실로 평가하는 이유이다.

그렇다고 해서 학생인권조례에 머물러 있을 수는 없는 노릇이다. 학생인권조례는 학교를 변화시키기 위한 하나의 수단이고 경로였을 따름이다. 학생인권조례가 부당하게 공격받는 것이 답답하고 분노스럽지만, 그다음의 운동을 준비하는 이유이다. 학생인권조례가 '이미' 만들어 낸 변화를 딛고서, '아직' 오지 않은 인권이 보장되는 학교와 교육을 위한 운동이 필요하다. 우리가 원하는 것은 학생인권조례 자체가 아니라 학생인권조례가 만들어 온, 만들어 갈 변화이기 때문이다.

2024년 6월

공현

1부

**학생인권조례의 모든 것**

# 학생인권,
# 제도의 울타리로 지키자

공현

## 민주화 물결 속,
## 변하지 않는 학교

대한민국의 역사는 일제의 식민 지배, 한국전쟁, 군사 독재 등을 거치며 억압과 폭력으로 얼룩져 있다. 이런 환경 속에서 수십 년간 인권과 민주주의는 우리 사회와 생활 곳곳에 제대로 뿌리내리거나 실현되지 못했다. 국가주의, 군사주의, 반공주의, 권위주의 등이 일터와 학교, 공공 영역 그리고 사적 영역까지 물들이고 있었다. 그러다가 1980년대 후반에 이르러서야 민주화운동의 결과로 언론의 자유 보장, 대통령 직선제 등을 쟁취해 냈다. 그와 더불어 노동운동, 시민운동 등도 각계각층에서 활발하게 일어나며 자유와 평등, 인권을 향한 변화가 눈에 띄게 나타나기 시작했다. 1990년대 들어 한국 사회 전반에서 정치·사회의 민주화와 자유화가 진전되고, 인권, 복지 등에 대한 사회적 관심이 높아진 배경이다.

그러나 사회적 약자들, 소수자들에게는 민주화가 찾아오는 것도 더뎠다. 청소년들의 삶도 민주화와 사회변화의 사각지대에 놓여 있었다. 무엇보다도 대부분의 청소년들이 일상을 보내는 학교의 현실은 군사 독재 때와 별다를 바 없이 비민주적이고 반인권적이었다. 중·고등학교에서의 두발 복장 규제는 너무나 당연한 일이었고, 두발 단속에 걸린 학생의 머리카락을 가위나 '바리깡' 등으로 훼손하는 강제 이발도 빈번했다. 교사의 구타나 체벌, 언어 폭력은 없는 날이 더 드물 정도였다. 2000년대 중반의 다음과 같은 언론 보도들은 학교의 학생인권 현실이 얼마나 민주주의·인권과 동떨어져 있었는지 짐작케 해 준다.

## 인권 뭉개는 '바리깡' 폭력

서울 ○고생 김모 군(18)은 최근 등굣길 두발 단속에 걸려 머리카락이 잘렸다. 학교 교칙에 정해진 두발 규정을 위반했기 때문. 김 군은 뒤통수 쪽에 소위 '고속도로'가 난 것 외에 벌점까지 먹었다. 이 학교는 두발 규정을 지키지 않은 학생에게 수행평가 점수를 깎는 식으로 내신 성적과 연계하고 있다.

〈한겨레〉, 2006년 4월 10일

## 고 3년생 지각·긴머리 100대씩 체벌

대구 ○고등학교 등에 따르면 14일 오전 이 학교 3학년 담임 A 교사(35)가 옆 반 학생인 B 군(18·3년)이 5분가량 지각했다며 지휘봉으로 엉덩이를 200대 때렸다. A 교사는 이날 함께 지각한 같은 반 C 군(18)도 매 100대를 때렸다. (……)

이 교사는 최근 수능 시험 100일을 앞두고 자신의 담임 반 학생들이 지각을 하거나 자율학습을 게을리할 경우 100대씩 체벌해 왔으며 이날 옆 반 담임교사가 늦게 출근한 가운데 지각생이 눈에 띄자 이같이 체벌한 것으로 밝혀졌다.

〈연합뉴스〉, 2006년 8월 15일

1995년, 김영삼 정부는 '5.31 교육 개혁'을 내놓으며 자율과 다양성 등을 중심 가치로 삼고 교육을 개혁하겠다고 발표했다. 그러나 초·중·고 학생들 대부분이 느끼기에 '개혁'도, '민주'도, '자유'도, '자율'도, '다양성'도 말뿐, 학교에는 타율과 획일성, 폭력이 만연해 있었다. 입시 경쟁 중심의 수업과 학업 부담, 강제 보충·자율학습 관행도 변할 기미가 보이지 않았다.

## 싹트기 시작한
## 학생인권의 목소리

이런 현실에 대한 청소년들의 불만이 조직화되고 새로운 움직임이 시작된 것은 온라인 공간에서였다. 1990년대는 PC통신이 널리 퍼지고, 인터넷이 도입되던 시대이기도 했다. 온라인을 통해 청소년들은 시간과 공간의 제약으로부터 비교적 자유롭게 자신들의 경험과 불만을 공유했고 문제의식을 발전시켜갔다. 그러면서 온라인을 매개로 여러 모임과 단체가 만들어졌고 활동을 개시했다. '청소년인권운동'과 '학생인권'을 주장하는 목소리가 싹튼 것이었다.

이 무렵의 상징적인 사건 중 하나가 '최우주 헌법소원 사건'이다. 1995년 강원도 춘천고등학교 학생 최우주는 강제적인 보충·자율학습이 학생의 기본권을 침해하는 것이라는 내용의 헌법소원을 제기하겠다고 PC통신 하이텔 게시판에 글을 올렸다. 최우주는 같은 내용으로 먼저 교육청에 민원을 제출했다가 학교로부터 민원을 취하하든지 전학, 자퇴를 선택하라는 압력을 받았다. 비록 최우주가 실제로 헌법소원을 제기하지는 못했지만, 그 게시물은 작지 않은 파문을 일으켰다. 학생들이 겪는 문제를 '헌법상 기본권', '인권'의 문제로 제기했기 때문이다. 거기에는 학생들의 주장을 단지 철없는 불만 표출로 치부하지 말고, 보편적 인권의 문제로 보라는 메시지가 담겨 있었다.

최우주 사건을 계기로 PC통신에서 '중고등학생복지회'라는 단체가 만들어졌다. 중고등학생복지회는 학생 인권 문제를 이야기하는 청소년들의 자생적인 모임으로 언론의 주목을 받아 인터뷰를 하거나 토론회에 토론자로 참석하는 등의 활동을 했다. 중고등학생복지회

뿐만 아니라, 청소년들이 개발한 포털이었던 '아이두', 청소년 웹진 '네가진', '채널텐Ch.10' 등의 웹사이트들이 1990년대 후반에 등장했다. 정부의 지원으로 만들어진 '사이버유스' 같은 웹사이트에서도 청소년들의 삶과 문화, 인권 문제에 대해 활발한 토론이 일어났다.

1998년 교육부는 〈세계 인권 선언〉 50주년을 맞아 '학생 인권 선언'을 만들겠다는 계획을 내놓았다. 당시 김대중 정부는 학교 체벌 금지 정책을 검토하기도 했다. 이러한 정부의 움직임은 유엔아동권리위원회가 한국 정부에 체벌 금지 등 청소년인권 개선을 권고한 데 따른 것이었으며 동시에 이제 막 시작된 청소년인권 운동이 불러일으킨 반응이었다고도 할 수 있다.

그러나 학교 체벌 금지 논의는 「초·중등교육법 시행령」을 '교육상 불가피한 경우'에는 체벌을 할 수 있다고 고치는 정도로 끝났다. 문장만 봐서는 마치 체벌을 금지하되 예외적으로 허용한다는 말 같았지만, 실제로는 교육상의 필요성을 판단할 권한 자체도 학교와 교사에게 있었기에 이는 전혀 체벌에 대한 실질적 제한이 되지 못했다. 교육부도 계속해서 체벌을 용인하는 태도를 보였다. 국회에서는 교사의 '체벌권'을 명시하려는 법 개정 움직임까지 일었다.

교육부가 추진하던 학생 인권 선언은 일부 교사단체의 강한 반대에 부딪혔고, 준비 과정에서 인권단체들과 정부 사이의 인식 차이도 커서 유야무야되었다. 대신 중고등학생복지회는 〈아동 권리 협약〉을 참고하여 자체적으로 〈학생 인권 선언〉을 만들어서 1998년 11월 3일 '학생의 날'*에 발표했다. 정부의 이런 태도는 이후로도 학생인권 문제에 대해 변죽만 울릴 뿐 실질적 정책을 내놓지는 않는 일이 반복될 것임을 예고하는 듯했다.

## 비로소 '문제'가 된 학생인권 침해

청소년인권운동은 2000년 '노컷운동', 두

---

* 11월 3일 '학생의 날'은 1929년 광주학생항일운동을 기념하여 정해진 날이다. 2006년 '학생독립운동기념일'로 명칭과 위상이 변경되었다. 이날은 고등학생운동 때부터 현재의 청소년인권운동에 이르기까지 청소년/중·고등학생들의 주체적 저항 행동을 상징하는 날이 되어 왔다.

발 규제 반대 운동으로 본격적인 사회운동으로 발돋움한다. 두발 규제는 학생들의 신체를 직접적으로 통제하는 것이었고 그 정당성과 필요성을 찾아보기 어려웠다. 단속 도중에 체벌, 폭언은 물론이고 머리카락을 자르는 등 폭력도 심각했기에 평소 학생들의 불만이 높은 사안이었다. 그러한 불만과 반대 여론이 온라인에서 표출된 것이 노컷운동이었다. 채널텐, 아이두, 사이버유스가 모여서 꾸린 '웹 연대 위드$^{WITH}$'는 "자르지 마!" 배너 달기 운동과 온라인 캠페인을 벌였고, 두발 규제에 반대하는 온라인 서명운동은 단기간에 16만 명을 넘어서면서 크게 이슈화됐다. 노컷운동은 '학생인권'을 사회적으로 중요한 의제로 부상시켰다.

노컷운동은 단지 온라인 활동에만 그치지 않았다. 위드는 신촌 문화 축제에서 참가자들이 머리카락을 조금씩 잘라서 모으는 퍼포먼스를 했고, 김대중 대통령에게도 머리카락을 달라는 공개 편지를 띄웠다. 출범을 준비 중이던 '학생인권과교육개혁을위한전국중고등학생연합'도 서울 명동 거리에서 두발 자유 요구 피케팅을 벌였다. MBC TV 토론 프로그램*에서도 두발 자유 등을 주제로 다루었고 전국중고등학생연합의 대표가 토론자로 출연하기도 했다.

노컷운동의 성과로 2000년 10월, 교육부는 '각 학교별로 학생들의 의견을 반영하여 두발 규제 관련 규정을 개정하라'는 지침을 발표했다. 하지만 이는 결국 두발 자유화, 즉 두발 규제의 철폐라는 요구의 핵심을 회피하는 것이었다. 대부분의 학교에서 두발 규제는 사라지지 않았으며, 학생들의 의견을 듣는 과정도 제대로 거치지 않거나 형식적인 의견 수렴에만 그친 곳들이 부지기수였다.

비록 두발 자유를 이루지는 못했더라도 노컷운동은 중요한 자취를 남겼다. 노컷운동을 계기로 청소년인권운동은 사회에 작지 않은 존재감을 드러냈고 다양한 청소년인권 이슈, 특히 학생인권 문제가 사회적으로 공론화되었다. 새로 만들어진 청소년인권단체들에 의해서, 청소년인권에 관심을 가진 시민사회단체들에 의해

---

* (앞쪽) '두발 자유화 논쟁, 어떻게 볼 것인가', MBC 〈100분 토론〉 43회, 2000년 10월 13일.

서, 때로는 언론에 의해서 청소년들의 일상에 잠재해 있던 인권 문제들이 수면 위로 올라왔다.

먼저 전 세계적으로 해묵은 청소년인권 문제라 할 수 있는 체벌 이슈가 재차 부상했다. 우선은 공교육 기관인 학교에서의 체벌이 주로 문제시되었고, 참교육을 위한전국학부모회 등 여러 단체들이 함께 '학생체벌금지연대'를 구성하는 등 체벌 금지를 요구하는 활동을 펼쳤다. 2003년 학교 체벌 사례들을 수집해 발표했고, 사건에 대한 법률 지원을 하면서 2004년에는 헌법소원을 청구하는 등 법적 대응에도 나섰다.

중·고등학교에서 정규 수업 시간 외의 추가적인 보충·자율학습을 강제하는 것도 불만이 높은 청소년인권 문제 중 하나였다. 특히 이 무렵 지적된 것이 1교시 시작 전 매우 이른 아침 시간에 하는 변칙적인 보충·자율학습, 이른바 '0교시' 문제였다. 특히 0교시 문제가 이슈화된 데는 MBC의 예능 프로그램 〈느낌표〉의 기여가 컸다. 〈느낌표〉 안에서도 청소년들이 겪는 문제를 다루는 '하자하자' 코너에서 2002년 '아침밥 먹자!'라는 제목으로 0교시 문제를 지적했던 것이다.*

2001년, 전국중고등학생연합은 인권운동사랑방과 함께 학교 규칙을 수집, 분석하는 '인권을 찾자! 교칙을 찾자!' 활동을 하여 학교 규칙의 문제점 전반을 고발했다. 이어서 전국중고등학생연합은 학교운영위원회에 학생 대표가 동등한 위원으로 참여할 수 있게 하라는 운동을 펼쳤다. 이는 자율적인 학생 자치 및 학생회 활동 이상으로, 학교 운영과 의사결정 과정에 민주적으로 참여할 수 있도록 법·제도를 개선하라고 요구했다는 의의가 있다. 이후에도 학생회의 위상을 확립하고 학교 운영에 학생의 참여를 보장하라는 활동은 꾸준히 이어졌다. 대표적인 예로 2004년 21세기청소년공동체 희망, 발전하는 학생회 가자, 민주노동당 청소년위원회 등이 '학생회 법제화 운동본부'를 꾸렸다.

2000년대에 청소년인권운동에 한 획을 그은 또 다른 사건은 2004년 서울 대광고 학생 강의석이 학교 내 종교의 자유를 주장하며 나선 것이었다. 종교 재단

* (앞쪽) '하자하자'에서는 이후에도 학교 밖 청소년은 '학생 할인'을 받지 못하는 문제를 지적하고, 수업 중 교사들에게 존댓말 사용을 권하는 캠페인 등을 한 바 있다.

이 세운 사립 학교였던 대광고에서 학생들은 매일 아침마다 학급 예배 등 종교 행사에 참여할 것을 강요받았고, 종교 의식이 포함된 수업에 의무적으로 참석해야 했다. 강의석은 종교의 자유를 주장하며 강제 예배를 거부하겠다고 밝혔고 방과 후에는 서울시교육청 앞에서 1인시위를 했다. 그러나 학교 측의 응답은 퇴학조치였다. 사립 학교의 독재적 운영이 전근대적 종교 강요라는 단면을 통해 드러난 사건이자, 학교의 비민주성이 드러난 사건이었다.

### '종교자유' 시위 고교생 퇴학당했다

"고등학생에게도 종교의 자유를 달라"며 서울시교육청 앞에서 1인시위를 벌였던 서울 ㄷ고 3학년 강의석 군(18·전 총학생회장)이 결국 학교에서 제적됐다.

학교 측은 "강군이 제적된 것은 사실이나, 제적 이유나 학교 입장은 밝힐 수 없다"고 말했다.

서울시교육청도 "각 학교의 학칙에 따른 행정처분에 교육청이 간섭할 수 있는 입장이 아니다"라며 사실상 학교 측의 손을 들어줬다. 이에 앞서 시교위 관계자는 지난달 28일 "수

업 시간 외 예배 참여 강요는 문제가 있다"며 "이런 점을 감
안할 때 ㄷ고의 사례는 문제가 있다"고 지적한 바 있다.

강군은 지난달 16일 학내방송을 통해 '종교 자유 선언'을
한 이후 학교 측으로부터 수차례 전학 압력을 받아 왔다.

〈경향신문〉, 2004년 7월 8일

강의석은 소송을 내고 40일 넘게 단식 투쟁을 한 끝
에 퇴학 무효 결정을 받았으며, 학교로부터 종교 선택
권 보장을 약속받았다. 이 운동을 계기로 교육부에서
는 종교 재단 사립 학교라 하더라도 학생에게 종교 수
업에 대한 선택권을 보장하도록 지침을 만들었다.

2003년에는 청소년의 '정보 인권', 개인정보에 관
한 권리도 이슈로 불거졌다. 정부가 교육행정정보시스
템NEIS을 전면 시행하려 한 일이 계기였다. NEIS는 과거
개별 학교 단위로 관리하던 학교생활기록부, 건강기록
등을 전산화하여 한곳에 모아 통합 관리하도록 한 시
스템이었다. 그러나 학생들의 생활기록부, 교내외 활동,
상담 일지, 교사들의 정치·사회단체 활동과 재산 내역
등 광범위한 정보를 수집하여 장기간 보관해 두는 것

에 문제가 제기됐다. 이 모든 정보를 입력하고 관리해야 하는 교사들의 과도한 행정 업무 문제도 갈등 이유 중 하나였다. 청소년인권단체들을 비롯한 인권단체들은 물론, 전교조도 연가투쟁 등으로 반대에 나섰다. 그 결과 정보 수집 영역을 축소하고 정보를 통합 관리하지 않기로 하는 등의 개선이 이루어졌다.

체벌, 두발 복장 규제, 언어 폭력, 성차별, 시험 성적 차별, 소지품 검사 및 압수, 종교 강요, 일기장 검사, 그리고 게시물 검열 등 언론·표현의 자유 침해…… 청소년인권운동에 힘입어 학교에서 당연한 듯 벌어져 오던 일들이 인권의 기준으로 점검받고 비판받아야 할 문제가 되어 갔다. 학생인권은 2000년대 들어 해결해야 할 사회적 문제로, 찬반이 나뉘고 논쟁이 벌어지는 의제로 자리 잡았다.

## 광장에 선
## 청소년 시민

2000년대 초·중반은 청소년들이 사회적·

정치적 주체로 등장한 시기이기도 했다. 2002년, 중학생 2명이 미군 장갑차에 치여 사망한 사건이 일어났다. 그러나 사고를 일으킨 군인에 대한 재판을 한국이 아닌 미국 군사법원에서 진행, 공무 중 과실이라며 무죄 판결이 나와, 불공평한 한미 간 주한미군지위협정SOFA 등이 문제라는 목소리가 커졌다. 이 사건으로 인해, 2002년 하반기, 죽은 중학생들을 추모하고 미국에 책임을 묻는 대중적인 촛불 집회가 벌어졌다. 촛불 집회가 비폭력적인 한국의 시위 문화로 자리매김하는 순간이었다.

여러 이슈로 촛불 집회가 연달아 열리는 와중에 촛불 집회를 계기로 사회운동을 시작하게 된 청소년들이 늘어났다. 최초의 촛불 집회 때부터도 미군 장갑차 사고의 피해자가 중학생이었다는 점에서 많은 청소년들이 함께 분노하고 "같은 학생으로서 참을 수 없다. 책임자 처벌하라!"와 같은 내용의 피켓을 들고 집회에 참여했다. 상당수 청소년들이 집회에 나가 발언을 했고, 학교 안에서 촛불 집회 관련 홍보물을 배포했으며, 언론을 통하여 주목을 받았다.

또한 2000년대 초는 인터넷이 확대되면서 온라인을 통한 시민의 정치 참여가 활성화된 때이기도 하다. 국회와 정부 등 정치 영역에도 새로운 바람이 불었다. 시민 참여를 모토로 한 인터넷 언론들이 창간되었고, 정치인 지지 모임도 활성화되었다. 청소년들도 포털 사이트 카페 서비스나 온라인 커뮤니티를 통해 정치와 운동을 접하고 활동을 시작하는 일이 늘어났다. 온라인에서는 '청소년 논객'이라거나 '청소년 정치인' 같은 말도 간간이 보였다.

물론 제도적인 측면에서 여전히 정치는 청소년들에게 금지된 영역이었다. 집회에 참여했다거나 정치적 활동을 했다는 이유로 징계나 불이익을 받는 사례는 끊이지 않았다. 선거권 제한 연령 기준은 만 20세였고, 선거권이 없는 청소년들은 정당 가입이나 선거운동 등도 공식적으로는 금지당하고 있었다.

2002년, 청소년인권운동으로서의 선거권 연령 하향 운동이 최초로 시동을 걸었다. 당시 이 운동을 했던 '낮추자'는 선거권 제한 연령 기준을 낮추는 것이 "청소년이 우리 사회의 당당한 일원으로 자신을 긍정하게 하는 운동"이라고 주장했다. 선거권 제한 연령 기준을 둘러싼 논의의 쟁점은 청소년이 정치 활동을 할 수 있느냐 없느냐, 청소년이 미성숙하냐 아니냐 등이었다는 점에서 여기에는 청소년인권 문제로서의 성격이 있었다. 2004년에도 청소년인권단체들, 정당 청소년·청년위원회 등이 함께한 '18세선거권낮추기공동연대'*가 만들어져 18세 선거권 요구를 제17대 국회 제1호 입법 청원으로 제출했다.

이와 같이 촛불 집회 문화, 온라인을 통한 정치 참여 문화 등이 확산된 가운데 청소년인권운동은 다시 한 번 전환점을 맞이한다. 2005년, 정부에서 공교육 정상화를 위한다는 명목으로 대학 입시에서 학교 내 시험 성적 등의 반영 비중을 늘리고 상대 평가를 도입하는 '내신등급제'를 추진했다. 그리고 이러한 교육 정책에 반발하여 5월 7일, 청소년 1,000여 명이 광화문에

* 이 연대체에는 21세기청소년공동체 희망, 청소년정치참여네트워크, 대한민국청소년의회 등의 청소년인권운동 관련 단체들은 물론, 민주노동당 청소년위원회(준), 열린우리당 청년위원회가 정당 조직으로 참여했고 문화연대 등 교육시민단체들도 참여했다.

서 촛불을 들고 모이는 사건이 일어났다.

당시 고등학생들에게는 내신등급제 도입이 곧 학교 안에서의 경쟁 강화로 다가왔기에 불만이 높았다. 언론에서도 입시 제도 변화와 더불어 입시에 대한 고민 및 스트레스가 원인이 되어 자살한 학생들의 사건이 연달아 보도되던 상황이었다. 그러던 중 21세기청소년 공동체 희망이 입시 경쟁 교육에 희생된 학생들을 위한 추모 행사를 5월 7일에 열기로 하여, 이 행사가 청소년들의 불만과 만나서 커다란 촛불 집회로 진화했던 것이다. 이에 정부는 학생들이 집회에 참가하지 못하게 지도하라는 공문을 학교에 보냈으며, 교사와 장학사, 경찰 들을 현장에 배치하여 집회를 방해했다. 하지만 청소년들은 그러한 어려움을 뚫고 광화문에 모여 "내신도 본고사도 입시 교육은 싫다!"라는 피켓을 들고, 교육 제도를 비판하며 "우리는 교육부의 장난감도, 등급으로 나뉘는 돼지고기도 아닙니다!"라고 외쳤다.

내신등급제 반대 집회로부터 일주일 뒤인 5월 14일, 두발 자유를 요구하는 온라인 서명운동과 거리 집회가 재차 벌어졌다. 이 집회는 2000년에 이어 다시 한

번 2005년 초부터 아이두에서 진행한 두발 규제 반대 서명운동의 연장선상에 있는 활동이었다. 서명 참여자 수는 다시 10만 명을 넘겼고, 여러 시민사회단체들도 두발 규제를 주제로 토론회를 여는 등 힘을 실어주었다. 여러 학교들에서도 학생들의 두발 자유를 요구하는 래커 시위, 종이비행기 시위, 운동장 시위 등이 일어났다. 학교 안팎이 들썩이며 운동의 흐름이 만들어지고 있었다.

2000년과 가장 크게 달라진 점은 바로 거리 집회가 열린 것이라고 할 수 있겠다. 내신등급제 반대에 이어 2주 연속으로 청소년들이 서울 도심에서 집회를 열고 교육 제도를 비판하고 학생인권 보장을 주장한 것은 많은 주목을 받았다. 2002년 이후 자리 잡은 촛불 집회 문화와 입시 경쟁 문제, 그리고 두발 자유라는 청소년인권 문제를 대표하는 이슈가 만나 시너지 효과를 일으켰다고 할 수 있다.

2005년 두발 자유 운동과 내신등급제 반대 집회는 청소년 대중에게 교육 제도에 대한 불만과 인권을 향한 열망이 잠재해 있음을 확인시켜 주었다. 그러나 실망스럽게도 교육부는 입시 제도에 관해서는 별다른 제도 개혁안을 내놓지 않았고, 두발 규제에 관해서도 2000년의 입장을 되풀이하는 데 그쳤다. 청소년인권운동의 힘이 교육 정책이나 제도를 바꿀 만큼이 못 된다는 현실과 온라인 서명운동이나 일회적 거리 집회로는 한계가 있음이 확인된 것이었다.

## 학생인권을 위한 법을 요구하다

2000년 노컷운동부터 2005년까지의 상황은, 학생인권 문제가 수없이 많이 알려지고 이슈화되었음에도 거의 해결되지 못하고 있다는 문제의식을 불러일으켰다. 교육부나 교육청에 학생인권 보장을 위한 조치를 마련하라고 요구하는 운동은 교육 당국의 요지부동, 책임 회피에 부딪혔다. 2005년 이후에도 여러 학교에서 학생들이 1인시위, 종이비행기 시위, 서명운동 등을 통해 학칙 개정에 나섰고 일부 성과도 있었지만 매우 제한적이었다. 가령 두발 단속 규정을 '앞머리

3cm'에서 '눈썹 위까지'로 바꾸는 정도였다.

학생인권조례라는 방안이 등장한 것은 바로 이러한 배경 위에서였다.「헌법」제10조는 "모든 국민은 인간으로서의 존엄과 가치를 가지며, 행복을 추구할 권리를 가진다. 국가는 개인이 가지는 불가침의 기본적 인권을 확인하고 이를 보장할 의무를 진다"라고 밝히고 있다. 초·중·고 학교에 재학 중인 학생들의 인권이 사회적으로 인정받지 못하고 지속적으로 침해당하고 있는 상황에서, 정부는 학생들의 인권이 어떤 것인지 밝혀 확인하고 보장할 의무가 있다. 하지만 수년간 시민사회단체들, 청소년들이 학생인권 보장을 위해 행정부가 나서라고 요구해 왔는데, 전혀 말을 듣지 않는다면 어떻게 해야 할까? 민주주의 사회의 정부는 행정부, 입법부, 사법부로 구성된다. 그렇다면 입법부나 사법부를 통한 해결 방법을 모색하게 되는 것이 자연스럽다. 사법부를 통한 방법으로 학교를 상대로 소송을 걸거나 헌법소원을 내는 사례가 있었지만, 뚜렷한 성과는 드물었다. 사법부는 이미 존재하는 법을 해석하고 적용하는 역할이기에 변화를 만들어 내기 적합하지 않았다.

그러므로 민의를 반영하기에 가장 좋은 통로이기도 한 입법부를 통해 법을 만들고 제도를 바꿔서 학생인권을 보장하게 하자는 구상이 제시되었다.

청소년들의 정치 참여가 활성화되고 관심이 높아진 것도 이러한 구상의 토대가 되었다. 많은 청소년이 정당 활동에 직간접적으로 참여하고 있었고, 특히 2004년 최초로 국회의원 당선자를 낸 진보 정당이었던 민주노동당은 청소년위원회를 만드는 등 청소년운동에 적극적인 편이었다. 2005년 이후로 '두발 자유화 법안'의 아이디어가 민주노동당에서 논의되었고, 이는 2006년 3월 「초·중등교육법」 개정안을 마련하여 발의하는 성과로 나타났다. 당시 민주노동당 최순영 국회의원이 대표 발의한 「초·중등교육법」 개정안은 2개였다. 하나는 '학생자치법'이라 불린 것으로 학생회의 자치권, 자율적 예산 운영 등을 「초·중등교육법」에 명시하고 학교운영위원회에 학생 대표가 참여하도록 하는 내용이었다. 그리고 다른 하나가 '학생인권법'이라 불리며, 두발 복장 자유, 체벌 금지, 강제 자율학습 금지, 소지품 검사 및 압수 금지, 차별 금지 등을 명시하고 인권교육과 학생인권 실태조사를 하도록 하는 내용이었다. 이 법안은 국회 교육위원회에서 '학생들이 선생님에게 너무 버릇이 없다', '교원을 반인권적이라고 매도할 수 있다'라는 반대에 부딪혀 원래의 구체적인 내용은 통과되지 못하였고 2007년 말, 「초·중등교육법」에 '학교의 설립자·경영자·학교장은 학생의 인권을 보장해야 한다'라는 선언적인 조항이 신설되는 것으로 일단락됐다.*

거의 같은 시기인 2005년 하반기 광주 지역에서 학생인권을 조례로 보장하자는 운동이 일어났다. 광주지역 시민사회단체들이 학생인권조례의 초안을 마련하여 시의회를 통해 제정하려고 했던 것이다. '조례'는 광역 또는 기초 지자체 차원의 법으로 지방의회의 의결로 제정된다. 법률이나 시행령에 비하면 강제성이 약하고, '학생인권조례' 역시 '학생인권법'에 비하면 선언적인 성격이 강하고 즉각적 효력 및 강제성은 약할 수

---

* 전누리, "억압의 교육을 넘어 인권의 교육으로 : [대선에 묻힌 인권법안 ③] 학생인권법", 〈프레시안〉, 2007년 10월 8일.

밖에 없다. 그래도 엄연히 법의 일종이기에 학교나 교육청은 분명 이를 지켜야 할 의무가 있다. 조례는 구체적으로 교육청이 해야 할 일을 규정하고 조항에 근거해 행정적 장치나 기구도 둘 수 있기 때문에 학생인권 문제를 점차 개선해 나가는 효과를 기대할 수 있다. 따라서 꼭 법률이 아니라도 조례를 통해 학생인권 문제를 해결하려는 구상이 등장했던 것이다.

이처럼 국회에서의 학생인권법과 지자체에서의 학생인권조례가 비슷한 시기에 제안된 것은 단순한 우연의 일치가 아니었다. 사회가 민주화되어 가고 인권 의식이 높아져 가는 와중에도 여전히 인권과 민주주의는 교문 안으로 들어가지 못하고 있던 현실, 학생인권 문제가 반복적으로 이슈화되었음에도 불구하고 제대로 해결되지는 못하던 상황, 2005년 청소년들의 목소리가 터져 나온 거리 집회와 활동들, 그리고 교육부와 교육청의 외면이, 입법을 통해 학생인권 문제를 개선하고자 하는 시도를 불러왔다.

# 학생인권조례의
# 제정 과정

---

공현

현재 한국에는 학생인권조례가 있는 지역도, 없는 지역도 있다. 제정된 지 10년이 넘은 지역이 있는가 하면 채 몇 년 안 된 지역도 있다. 더군다나 전국 모든 지역에서 학생인권조례 또는 그와 비슷한 조례 내지 헌장 등을 만들려는 시도가 있었지만 실패한 적도 많기에, 전국적인 상황을 파악하는 것도 쉽지 않은 노릇이다.

2024년 초 기준, 학생인권조례는 경기, 광주, 서울, 전북, 충남, 제주 6개 지역에만 존재하고 있다.* 이런 학생인권조례들이 언제, 어떤 과정을 거쳐서 만들어졌는지 살펴보려 한다. 그리고 학생인권조례를 무력화하려고 했던 교육부의 소송, 학생인권조례 제정 시도가 좌절당한 사례 등을 기록함으로써, 한국 사회에서 학생인권 문제를 개선하려는 노력이 어떤 벽에 부딪혀 왔고 얼마나 지난했는지 역시 기억하고자 한다.

### 첫 구상
### : 2004년, 부산에서의 시도

'학생인권조례'라는 아이디어, 즉 학생인권을 조례를 통해 보장한다는 안이 나온 것은 언제가 처음이었을까? 찾아볼 수 있는 기록으로는 2004년, 부산 지역의 토론회에서 처음으로 학생인권조례를 제안하고 박영관 부산시 교육위원이 조례안을 예시한 것이 가장 이르다.** 경기도 군포 지역 등지에서 '청소년인권조례'를 만들려 한 움직임도 2004년에 있었다. 다만 이

---

\* 인천에는 학생인권조례보다 그 내용과 실효성이 낮다고 평가되는 '학교구성원 인권증진 조례'가 있다.

\*\* "김상곤 같은 교육감 셋이면 한국교육 바꿔", 〈오마이뉴스〉, 2010년 5월 12일.

때의 청소년인권조례는 학생인권을 구체적으로 보장하려 했다기보다는 어린이·청소년 관련 인권을 포괄적·선언적으로 다루는 성격이었던 걸로 보인다. 더 일찍 학생인권 보장을 위한 조례를 주창하거나 발언한 경우가 있었을지 모르겠지만 공식 행사 자료로 남아 있고 또 조례안도 마련한 것은 2004년 부산이 최초이리라 추정된다.

이 토론회는 '학생인권 대토론회 – 학생의 인권 현실과 보호를 위한 사회적 장치 모색'이라는 제목으로 '공교육 정상화를 위한 부산교육개혁연대'가 주최한 자리였다. 학생인권조례 제정은 두 번째 발제자인 박영관 부산시 교육위원이 제안했다. 박영관은 국가인권위가 당시 교육부의 '학생생활지도규정 예시안'에 대해 인권침해 요소들을 지적한 것을 거론하며, "교육을 책임지고 있는 국가 기관이 교육 현장에 대한 일종의 지침으로 마련한 안이 법령을 어기고 있는 것이 현실이라면, 학교의 각종 규정이 「헌법」이나 법률을 무시하는 것은 필연의 결과이다"라고 꼬집으며 학생인권조례가 필요하다고 결론을 맺는다. 「헌법」이나 법률상 학생의 인권이 마땅히 보장되어야 하지만 「헌법」 등 내용은 추상적이고 학교에 적용되지 못하고 있으니, 학교 현장에 구체적·직접적으로 영향을 미칠 수 있으면서 각급 기관이나 종사자들에게 역할, 의무를 부여할 수 있는 조례를 만들자는 주장이다. 그가 덧붙인 조례안을 보면 '자치에 관한 권리', '신체의 자유', '개인의 물품에 관한 권리', '의사 표현의 자유', '집회·결사의 권리' 등 학생인권의 내용을 명시하고 학교와 교육청에 학생인권 보호기구를 설치하는 등의 꼴은 후일 제정된 학생인권조례와 큰 틀에서 차이가 없다.[*]

한편, 토론자 중 최아름(사직여고 2학년)은 학생인권조례를 반기면서도 "과연 이것이 지금의 불합리한 학교 교칙 및 규정에 대한 제재·시행에 대한 강제성을 가져서 실제 학교 현장에서 얼마만큼의 변화를 체감할수 있겠는가"라는 의문을 제기했다. 그리고 "머리 길이설정, 양말 색깔 설정, 심지어 속옷의 색깔까지 규정"하

[*] 박영관(2004), 〈소중한 출발 - 학생인권조례 제정 추진〉, 《'학생인권 대토론회 - 학생의 인권 현실과 보호를 위한 사회적 장치 모색' 자료집》, 공교육 정상화를 위한 부산교육개혁연대.

는 교칙을 전면적으로 삭제·수정할 필요성, 보충수업이나 야간자율학습을 자율화하도록 강제할 필요성 등을 언급, 학생인권조례의 인권 관련 조항을 더 구체화해야 한다고 주장했다.[*]

이때 발제자와 토론자로 참여한 지역의 학자나 단체 활동가 등은 모두 학생인권 보장을 위한 법·제도 마련의 필요성, 특히 학생인권조례의 제정 추진에 동의하는 입장이었다. 그러나 이후 부산 지역에서 학생인권조례 제정을 위한 아래에서부터의 운동이 일었다는 기록은 찾기 어렵다. 교육위원이 조례 제정을 추진했으나 힘을 받지 못하고 의회 상정도 되지 못한 채 무산된 것으로 보인다.

**시민사회단체들의 공동 의제로 떠오르다
: 2005~2008년 광주, 경남에서의 시도**

학생인권조례가 시민사회단체들의 운동

---

[*] 최아름(2004), 〈너무나 당연한 그러나 먼, 우리의 인권〉, 앞의 자료집.

의제로 등장한 것은 2005년 광주, 2008년 경남에서였다.

먼저 광주에서는 2005년, 처음으로 시민사회단체들이 나서서 학생인권조례 제정을 추진했다. 청소년들의 저항과 고발에 의해 반복해서 공론화되는 학생인권 문제를 해결하기 위한 지역 시민사회단체 차원에서의 시도였다. 전교조 광주지부 학생생활연구회의 주도로 광주 지역 시민사회단체들은 설문 조사, 공청회 등을 거쳐 2006년 초 '광주광역시 학생권리에 관한 조례'의 안을 마련하는 데까지 이르렀다. 그러나 교육청 및 광주광역시의회 교육위원회의 반대에 부딪혀 발의도 되지 못한 채, 첫 제정 움직임은 중단되고 만다.

경남에서도 2008년, 지역 시민사회단체들이 학생인권조례 제정 운동에 나섰다. 마산 용마고에서 학생인권 보장을 위해 학내 서명운동을 하고 집회를 계획한 학생을 징계하는 사건이 불거진 것이 계기였다. 당시 경남 지역에서는 청소년인권행동 아수나로 지부 등 청소년인권 활동가들이 활발하게 활동하고 있었다.

경남교육연대는 '학생인권조례 TF팀'을 만들고 실

태조사 등을 거쳐서 2009년 하반기에 조례안을 마련했다. 하지만 2009년, 경남교육청은 조례 제정에 협력하기는커녕 그린마일리지 제도(상벌점제) 전면 실시를 결정했고, 경남도의회 교육위원회에선 학생 휴대전화 소지 등을 제한하는 조례안이 논의되었다. 경남교육연대는 이런 움직임을 비판하면서 국가인권위 부산인권사무소와 공동으로 '그린마일리지제와 학생인권조례'를 주제로 토론회를 여는 등 학생인권조례를 의제화하기 위해 활동했다. 동시에 경남도의회 몇몇 교육위원들과 논의하여 2009년 12월 말 교육위원회 의장에게 학생인권조례 발의를 정식 청원했다. 하지만 교육위원회와 교육청은 제정에 의지를 보이지 않았고, 2008년의 경남 학생인권조례 제정 시도도 성과를 보지 못했다. 경남에서는 계속해서 2011년, 2018년에도 학생인권조례 제정 운동이 일어났다.

## 직선제 교육감 후보의 핵심 정책이 되다
: 2009~2010년, 경기도에서 첫 제정

학생인권조례 제정 시도에 전환점이 된 것은 교육감 직선제 도입이었다. 교육감은 광역 지자체 차원에서 교육에 관한 사무를 책임지는 중요한 직책인데, 과거에는 대통령이 임명하였다가 2000년대 중반까지는 해당 지역 학교운영위원회 위원들이 선출하는 간선제 방식으로 선출됐다. 2006년 이후 지역 교육 자치의 활성화와 민주주의 확대를 위하여 교육감 직선제가 도입되었고, 지방 선거와 함께 전국 동시 선거로 직선 교육감이 선출되기 시작한 것은 2010년부터다. 교육감 직선제를 통해 교육 정책에 더 많은 사회적 관심이 모였고, 교육감 후보들도 선거 과정에서 폭넓은 의견을 반영한 공약들을 내놓았으며, 각 지역 교육감들의 영향력과 자율성도 커졌다. 특히 이른바 '민주·진보 교육감'이라고 불리는, 정치적으로 진보 성향으로 분류되는 교육감들의 등장은 학생인권조례 논의가 활성화되는 데 긍정적인 조건이 됐다.

2009년, 경기도 교육감 보궐 선거에서 전국 역대 최초로 '민주·진보 교육감'을 표방한 김상곤이 당선됐다. 김상곤의 주요 공약 중 하나가 바로 학생인권조례 제정이었다. 경기도교육청에서는 2009년 하반기부터 연구용역 의뢰, 자문위원회와 학생참여기획단 구성 등으로 학생인권조례 제정을 위한 준비 작업을 개시했다.

연구팀에는 학생인권 문제에 관해 관심 갖고 활동·발언해 온 활동가, 교수, 변호사, 교사, 연구자 등이 참여했다. 연구팀은 설문 조사, 심층 면접, 학생인권 관련 기초 자료 검토 등을 거쳐 학생인권조례 초안을 만들었고 이는 이후에 여러 지역에서 제정되는 학생인권조례의 원형 역할을 했다. 조례안은 그동안 청소년인권운동이 만들어 온 주장과 논리, 국가인권위 결정례 및 법원 판례, 국제 인권 기준과 〈아동 권리 협약〉과 유엔아동권리위원회의 권고들, 일본의 아동인권조례, 광주에서 2006년 나온 조례안, 국회에 발의됐던 학생인권법안 등을 참고했다. 학생인권조례에 학생인권의 상세한 내용들을 담을지, 아니면 학생인권의 내용은 계속해서 논의되고 확장되어야 할 것이므로 이후의 해석에 맡겨두고 인권 증진을 위한 기구나 구제 창구에 관한 사항만을 정할지가 쟁점이 되었다. 고민과 논의의 결과, 한국 사회에서 학생인권조례는 '무엇이 학생인권인지'를 구체화하는 가이드라인의 역할도 해야만 실효성을 가질 수 있다는 판단하에, 개성 실현의 자유, 사생활의 자유, 차별받지 않을 권리, 휴식권, 문화적 권리 등 학생인권의 내용을 열거하는 데 여러 개의 조항을 할애하기로 결정했다.

학생인권조례 자문위원회에도 청소년인권운동을 해온 활동가와 국가인권위 전 사무총장 등 인권 전문가들이 참여하였다. 자문위원회는 연구팀의 조례 초안을 바탕으로 수차례 공청회와 논의를 거친 뒤 경기 학생인권조례안을 확정했다. 자문위원회는 당시의 논란을 의식하여 '사상·양심의 자유'와 '집회·결사의 자유' 조항을 포함한 안과 삭제한 안으로 두 가지를 제시했는데, 김상곤 경기도 교육감은 사상·양심·집회·결사의 자유를 지운 쪽을 선택하여 2010년 경기도의회에 제출했다. 보수 언론 등으로부터 학생인권조례가 '학교를 정치화하려는 전교조의 음모'라는 식의 공격이 심했기 때문이겠으나, 「헌법」과 〈아동 권리 협약〉에도 명시된 사상·양심·집회·결사의 자유를 지운 선택은 아쉬운 대목이었다.

그럼에도 경기 학생인권조례 제정 시도는 한 차례 좌절을 맛보았다. 2010년 상반기, 지방 선거를 앞두고서 경기도의회 교육위원회에서 학생인권조례가 논란이 많다며 통과시키지 않았던 것이다. 청소년인권단체와 경기 지역 시민사회단체들이 서명운동과 피케팅 등에 나섰음에도 경기도의회에서 학생인권조례는 체벌 금지나 두발 자유화에 대한 우려, 학생들이 자기 생각을 가지고 사회적·정치적 목소리를 내는 것에 대한 거부감 등에 막혀 쉽게 그 문턱을 넘지 못했다. 다음은 그 무렵 학생인권조례의 의의와 장벽 등을 설명한 언론 보도다.

### 2010년 학생도 사람 선언!

선도부장 일을 하며 괴로워하던 김 군은 지난해 4월 학생인권조례 제정 등을 공약으로 내세운 교육감이 나타났다는 소문을 들었다. 5월 말에는 학생인권조례안을 만들기 시작했다는 소식이 들리더니 2학기가 되자 관련 홈페이지도

생겼다. 11월 초, 홈페이지에 '학생참여기획단' 모집 공고가
떴다. 그즈음 그는 학생부장 선생님 책상 위에서 경기도교육
청이 발송한 '체벌 금지 공문'을 발견했다. 공문보다 힘이 센
걸 만들어야 학생주임 선생님의 매질이 멈추리라 어렴풋이
생각했다. 그는 곧바로 기획단에 참여했다. 모집 공고가 나
간 지 일주일 만에 경기도 내 초·중·고 학생 400여 명이 모
여들었다.

지난해 12월 17일 경기도교육청이 발표한 '경기도 학생인
권조례(초안)'은 이렇게 모인 학생참여기획단이 교장·교사·교
수·인권단체 활동가 등 13명으로 구성된 '경기도 학생인권조
례제정 자문위원회'와 함께 만든 것이다. (……)

각 학교의 자율적인 교칙에 맡겨도 될 것을 왜 굳이 '조례'
까지 제정하려는 것일까? 자문위원회는 그 이유를 "수사기
관의 자율적 운영을 보장하더라도 고문·불공정 수사를 해서
는 안 된다는 등의 '기준'은 필요한 것과 같은 이치"라고 설명
한다. 학생인권이 계속 침해당하는 상황에서 모든 학교의 환
경을 인권 친화적으로 만드는 데 있어 학생인권조례는 '기본'
이 되어 줄 것이다.

2010년 1월, 한국의 학생인권은 기로에 섰다. 경기도 학생

인권조례가 제정된다면 우리나라에선 첫 학생인권조례가
된다. 하지만 경기도의회가 조례안을 통과시킬 확률은 희박
하다. 한나라당이 장악한 경기도의회는 김상곤 교육감 당선
이후 교육청이 낸 예산안과 법안 등이 지나가는 길목을 틀
어막고 있다.

《한겨레21》, 794(2010년 1월 13일)

이후 2010년 지방 선거를 거치면서 '민주·진보 교육
감'으로 분류되는 후보들이 6개 지역에서 당선되었고
김상곤도 재선에 성공했다. 김상곤 경기도 교육감은 같
은 내용의 학생인권조례안을 다시 발의했고, 민주당
이 다수를 차지하는 등 의회 구성이 덜 보수적으로 바
뀐 경기도의회가 이를 통과시켜 2010년 10월 경기 학
생인권조례가 공포되었다. 우여곡절 끝에, 드디어 전국
최초의 학생인권조례가 공포되고 시행되기에 이른 것
이다.

## 쟁론 속에서 결실을 맺다
### : 2010~2013년 광주, 서울, 전북에서 제정

경기 학생인권조례 제정은 많은 사람에게 드디어 학교교육이 좀 더 학생인권 친화적으로 변화할 것이라는 기대를 품게 했다. 여러 지역에서 시민사회단체들이 학생인권조례 제정을 요구하는 운동에 나섰으며, 학생인권조례를 공약으로 내놓았던 몇몇 교육감들은 공약을 지키고자 조례안을 마련하는 절차를 밟기 시작했다.

경기 학생인권조례에 이어 두 번째 순서를 차지한 지역은 광주광역시였다. 광주에서는 2008년 말, 학생인권조례 제정을 공약한 시의원이 교육위원회 위원장으로 당선되면서 학생인권조례 제정을 재추진하려 했던 바 있고, 그 이후에도 지역 단체 등은 학생인권조례 제정을 요구하며 지속적으로 활동해 왔다. 광주시교육청은 2010년 11월, 고등학생을 위원으로 포함한 학생인권조례 자문단을 꾸리고, 실태조사와 공청회를 여는 등 학생인권조례 제정 작업에 착수했다. 광주 학생인권조례의 내용은 직전에 제정된 경기 학생인권조례도 참고했지만, 주되게는 2006년 광주 지역에서 만들었던 조례안의 형식과 내용을 초석 삼아서 만들어졌다.

물론 광주시교육청도 학생인권조례 제정 과정에서 교사들의 반대와 교권 추락 우려에 대응하기 위해 '교권 TF'를 꾸린 일이 있었으며, 시의회에서 조례안을 수정, '교육 목적상 필요한 경우 학생인권을 제한할 수 있다'는 조항을 추가하여 자문위가 규탄 입장을 내기도 했다. 고등학생이 학교 안에서 서명운동을 하다가 교사에게 탄압을 당하는 등 학생인권조례가 순조롭게 수용된 것은 아니었다. 다만 '민주'와 '인권'의 도시를 표방하는 만큼 광주광역시의 시의회에서 '민주·진보 교육감'이 추진하는 학생'인권'조례에 대놓고 반대하는 목소리는 비교적 크지 않았다. 광주 학생인권조례는 광주시의회를 통과하여 2011년 10월 정식 공포되었다.

서울에서는 학생인권조례 운동본부가 2010년 하반기 만들어져 주민 발의를 통한 조례 제정을 추진했다. 주민 발의란, 해당 지자체의 주민들이 서명을 통해 직접 지자체 의회에 안건을 발의하는 직접 민주주의적인 제도이다. 주민 발의의 성사를 위해선 유권자의 1%, 당시 81,885명의 서명을 받아야 했다. 더구나 선거권을 가진 만 19세 이상인 주민의 서명만 유효했기 때문에 청소년들은 학생인권조례를 아무리 간절히 원하더라도 정작 서명에 참여할 수가 없었다.

**내 손으로 만드는 학생인권조례··· 주민 발의 현장을 가다**

"차별과 폭력 없는 학교 만들기에 동참해 주세요."

쌀쌀한 바람이 오가는 이들의 발걸음을 재촉하던 8일 오후, 신촌역 앞에서는 서울 학생인권조례 주민 발의 서명운동이 한창이다. 한 명이라도 더 붙잡아 서명을 받고 싶지만 3월답지 않게 추운 날씨 때문에 지나치는 이들의 걸음을 멈추게 하기가 쉽지 않다. 주민 발의 기한을 49일 남겨둔 이날, 여섯 시간 동안 거리에서 받은 서명지는 100여 장 남짓. 조례 제정을 현실화하기 위한 서울시 유권자 1%, 8만 2천 명까지는 아직도 갈 길이 멀고 걸음은 더디기만 하다. (······)

이들은 "청소년도 주민 발의에 참여할 수 있고 효력이 있었으면 벌써 8만 명한테 서명 다 받고 주민 발의도 통과될 수 있었을 것"이라며, 조례 발의자로 청소년들이 직접 참여할 수 없는 현실을 아쉬워하기도 했다. 매미는 "지나가다 교복 입은 학생이나 중고등학생들에게 학생인권조례 이야기를 하면 굉장히 많은 관심을 보인다"며 "청소년을 위한 법인데 청소년이 직접 관여를 못할까 하는 생각이 많이 든다"고 말했다.

그러면서 시민들을 향해 "본인이 청소년 당사자가 아니더라도 관심을 갖고 참여해 달라"는 '호소'를 하기도 했다.

〈참세상〉, 2011년 3월 9일

서울 운동본부의 활동가들은 2011년 초부터 주민 발의 서명 마감 때까지 거리에서 매일같이 서명을 받았고 언론과 온라인 등 여러 채널을 통해 학생인권조례의 필요성을 호소했다. 그 결과 서울 학생인권조례 주민 발의는 최종 97,702명의 유효 서명으로 성사되었다.

그러나 주민 발의에 성공한 이후에도 넘어야 할 고비가 남아 있었다. 서울이 한국의 수도이자 중심이라서 그랬는지, 서울 학생인권조례는 이전의 경기나 광주의 학생인권조례에 비해 훨씬 더 집중적으로 언론과 반대 단체들의 관심을 받았고 표적이 되었다. 여러 언론에서 어찌 보면 당연한 조항들인 집회의 자유나 사상의 자유 등을 공격했다. 극우 개신교단체들은 학생인권조례 속에 '성적 지향, 성별 정체성, 임신 및 출산 여부'를 이유로 차별받지 말아야 한다는 조항을 집중적으로 문제 삼았으며, 종교의 자유 보장을 두고 반발했다. 이같이 주로 소수자에 대한 혐오를 전면에 내건 개신교단체들이 학생인권조례에 관심을 갖고 극렬한 반대에 나선 것은 2011년, 서울 학생인권조례 제정 과정에서부터였다. 서울 운동본부는 시의원들을 설득하고 압박하는 활동에 나섰고, 성소수자인권단체들은 서울시의회를 점거하고 '원안 통과'를 요구하는 농성에 들어갔다. 2011년 12월, 비록 집회의 자유나 복장의 자유 등 일부 내용이 후퇴한 수정안이었지만, 서울시의회에서 학생인권조례가 시의회를 통과했고 2012년 1월 공포되었다.

네 번째로 학생인권조례가 제정된 전북의 경우는, '교육'이라는 이름으로 학생인권을 가로막는 벽을 넘어서는 과정이었다. 2010년 말, 전북교육청은 '전라북도 학생인권조례 제정을 위한 공청회'를 여는 등 학생인권조례 제정에 착수했다. 2011년 6월에는 '전북학생인권조례제정운동본부'가 출범했다. 그런데 전북교육청이

2011년 10월, 전북도의회에 학생인권조례안을 제출하였음에도 전북도의회 교육위원회는 논의와 준비가 부족하다며 조례안을 상정하지 않기로 하였다. 2012년에도 전북교육청이 학생인권조례안을 냈지만 교육위원회는 '교권 위협', '학교 혼란' 등이 우려된다며 재차 조례안을 본 회의에 상정하지 않았다. 전형적으로 교육이라는 이름으로 학교의 권력관계와 학생인권이 침해받는 현실을 존치시키려는 모습이었다.

그러더니 2013년 초, 민주당 소속 도의원이 자체적으로 학생인권조례안을 내놓았다. 그 안은 경기·광주·서울 등 타 지역의 조례는 물론, 교육청이 제시한 안보다도 더욱 후퇴하여 있었다. 예컨대 종교의 자유, 두발 복장 자유, 성소수자 차별 문제 등 주로 보수 언론이나 사학 재단 등에 의해 논란거리나 공격 대상이 될 법한 내용들을 개악하거나 표현을 삭제하고 추상화한 것이었다. 시민사회단체들이 '껍데기만 있는' 학생인권조례 추진에 반발, 전북도의회를 점거하고 제대로된 학생인권조례 제정을 촉구하였다. 한편 교육위원회는 교육청의 조례안도, 의원 발의안도 모두 부결시켜,

내용이 어떻든 학생인권조례 자체를 틀어막으려는 듯
했다.

2013년 6월, 전북도의회 민주당 의원 8명이 공동으
로 학생인권조례안을 발의했다. 비록 해당 안은 교육청
발의안보다 미진한 부분이 있었으나 전북 운동본부도
수용 가능한 수준이었다. 전북도의회 교육위원회에서
는 아니나 다를까, 이 조례안도 찬성 4표, 반대 4표로
부결되었다. 그러자 의원들은 학생인권에 걸림돌만 되
고 있는 교육위원회를 건너뛰고 본 회의에 학생인권조
례안을 직권 상정하기로 하였고 직권 상정된 조례안이
가결됨으로써, 전북에서도 2013년 하반기부터 학생인
권조례가 시행되기에 이르렀다.


## 2012년부터 끊이지 않는
## 교육부의 공격과 반복된 좌절

2010년대 초중반의 상황을 요약하자면,
경기, 광주, 서울, 전북 4개 지역에서 학생인권조례가
제정되었고, 경남, 충북 등지에서는 학생인권조례 주

민 발의 운동이 진행 중이었다. 강원, 인천 등지에서도 교육감들이 학생인권조례를 공약하고 당선된 상황이었다. 곧 학생인권조례의 전국적 확산이 이루어질 듯 보였다. 그러나 2013년 전북 이후로 한동안 새로운 학생인권조례는 만들어지지 못했다. 이미 제정된 학생인권조례도 학교 현장에 뿌리내리기가 쉽지 않았다. 학생인권조례 제정 흐름을 가로막은 가장 큰 요인은 바로 교육부의 공격이었다.

교육부는 2012년 서울 학생인권조례가 제정되자 대법원에 무효 소송과 헌법재판소에 권한 쟁의 심판을 청구했다. 2013년 전북 학생인권조례가 제정됐을 때는 전북교육청에 재의 요구를 하도록 요청했다. 전북교육청이 재의 요구를 거부하고 학생인권조례를 공포하니 전북 학생인권조례에 대해서도 대법원에 무효 소송을 냈다. 서울·전북 학생인권조례에 대한 교육부의 소송 결과는 모두 제정 과정에 절차적 하자가 없으며 그 내용도 상위법 위반이나 교육부의 권한 침해로 볼 수 없다는, 그러므로 학생인권조례는 유효하다는 판결이었다. 교육부의 완패였지만, 이러한 소송이 1~2년간 진행되면서 학생인권조례 제정 움직임은 발목을 잡혀 주춤하게 되었다.

　교육부는 소송 외에도 자신의 재량권 내에서 학생인권조례의 영향력을 반감시키기 위한 조치를 취했다. 「초·중등교육법」 및 「초·중등교육법 시행령」을 개정, 학교 규칙을 학교장이 자율적으로 정할 수 있으며 그 안에 용의 복장 등에 관한 내용을 넣을 수 있다고 명시하여 학생인권조례를 무력화시키려고 했다. 교육부의 이러한 태도는 학생인권조례가 학교 현장에 안착하는 데 크게 부정적인 영향을 주었다. 설령 법원에서는 학생인권조례가 유효하다는 판결이 나왔다 하더라도, 교육 부문의 최상위 부처인 교육부가 '학생인권조례는 무효이고 상위법 위반'이라고 주장하는 것은 그 자체만으로 학생인권조례를 경시하게 만들었다. 학교 현장에서, 교육청에서, 지방 의회에서 상위법 위반이라더라, 무효 소송 중이라더라, 상급 기관인 교육부에서 반대한다더라 하며 학생인권조례를 제대로 지키지 않으려 하고 학생인권조례 제정 요구를 묵살하곤 했다.

　그 효과는 즉각적으로 나타났다. 경남에서는 학생인

권조례 주민 발의에 성공했으나, 2012년 5월 경남도의 회 교육위원회에서 부결시켜 제정에 실패했다. 충북에서도 학생인권조례 주민 발의가 성공했으나, 충북교육청은 2013년 초, 교육부가 개정한 「초·중등교육법 시행령」을 거론하며 상위법 위반이라고 충북도의회에 제출하기를 거부하고 각하 처분했다. 법원도 이 건에서는 충북교육청의 손을 들어 줬다.

교육감이 학생인권조례를 공약했지만 지방 의회 상황이 우호적이지 않았거나 혹은 제정에 별다른 의지가 없는 경우도 있었다. 사실 통념과 달리 학생인권조례는 소위 '민주·진보 교육감'의 공통 정책이라고 보기도 어려웠고, 민주당이 상대적으로 학생인권조례 제정에 협조적이긴 했으나 언제나 동의한 것도, 그리 적극적이었던 것도 아니었다. '민주·진보 교육감'을 표방하고 당선됐음에도 학생인권조례를 추진하지 않은 경우도 많았다. 민주당이 다수 의석을 가졌어도 (민주당 의원들의 반대와 유보 속에) 제정되지 못한 예도 있었다.

전남, 강원, 인천 등에서는 교육청 혹은 시민사회단체들이 '학교인권조례', '교육공동체인권조례' 등의 이름으로 학생인권조례의 일부 내용을 가져오되 취지를 후퇴시킨 조례를 만들려고 하기도 했다. 하지만 학생인권조례에 반대하는 정당 및 단체 들은 이러한 타협안도 수용하지 않았다. 강원교육청은 학생, 교사, 학부모의 권리를 넣은 '학교인권조례안'을 두 차례 강원도의회에 제출했으나 통과되지 못했다. 대구에서는 2011년 〈교육권리헌장〉을, 충북에서는 2016년 〈교육공동체헌장〉을 만들어 학생인권 관련 내용을 포함시켰다. 이러한 사례는 학생인권조례가 직간접적으로 불러온 인권의식의 향상과 우리 사회의 변화를 반영한 것이었다. 그러나 동시에 이런 것들은 실효성 있는 제도로 만들어지지 않고 선언에만 그친 점, 지자체와 교육 당국에 학생인권 침해를 해결하고자 하는 인식과 의지가 없는 점 등에서 그 한계도 뚜렷한, 보여 주기식으로 만든 '사이비 학생인권조례'라고도 평가할 수 있다.

그럼에도 학생인권조례가 있는 지역에서는 학생인권조례를 지렛대 삼아 인권 현실을 개선하려는 노력이 계속됐고, 없는 지역에서는 학생인권조례를 만들기 위한 노력이 끊이지 않았다. 예를 들어, 울산에서는 2010년 '울산 학생인권조례 제정을 위한 시민모임'이 출범하여 활동했으나 학생인권조례 제정에는 실패했다. 2017년에 재차 학생인권 침해의 심각성 때문에 학생들이 학생인권조례 제정을 요구했고, 한 고등학교에서의 체벌 사건이 이슈화되면서 울산시의회 민주당 시의원이 학생인권조례안을 발의했지만 통과되진 못했다. 경남에서는 2018년 박종훈 경남 교육감이 학생인권조례 제정을 추진하였고 지역 시민사회단체들도 학생인권조례 제정 운동을 벌였으나, 2019년 경남도의회에서 또다시 부결시켰다. 부산에서도 김석준 부산시 교육감이 학생인권조례를 공약으로 내걸고 당선되어 제정을 추진했지만 2017년 반대에 가로막힌 바 있었다. 2022년 초에도 부산시의회 의원 9명이 부산 학생인권조례안을 발의하였고 지역 시민사회단체들도 통과를 요구했으나 교육위원회의 문턱을 넘지 못했다.

그 밖에도 대전, 전남, 경북, 대구 등에서 학생인권조례 제정을 지역의 시민사회단체들이나 청소년들이 촉구한 사례, 일부 의원 또는 교육청이 검토한 사례 등은 크고 작게 숱하게 존재하며 지금도 늘어 가고 있다.

## 7년 만의 확장
## : 2020년 충남, 제주에서 제정

　다섯 번째 학생인권조례가 만들어진 것
은 2013년 전북으로부터 7년이 지난 2020년, 충남에
서였다. 직접적인 배경으로 꼽을 수 있는 것은 2018년
지방 선거에서 '민주·진보 교육감'이 14개 지자체에서
당선되고 지방 의회 구성도 학생인권에 덜 적대적으로
변화한 점이었다. 또한 2018년 무렵부터 스쿨 미투 운
동으로 교사에 의한 학내 성폭력·성희롱 문제가 공론
화되었다. 충남도 여러 학교에서 스쿨 미투 운동이 활
발하게 일어난 지역 중 하나였다. 2019년 말, 선거권 제
한 연령 기준을 18세로 하향하여 청소년 참정권이 확
대된 것도, 학생인권에 대한 정치권의 관심이 높아지는
데 영향을 미쳤으리라 짐작된다.

　2014년 김지철 충남 교육감이 학생인권조례 제정
을 추진했으나 2018년 충남도의회에서 부결된 적이
있었다. 그 뒤 2019년 3월, 충남도의회 안에서 도의원
6명과 시민사회단체 활동가, 교육청 담당자 등이 참여
하는 '학교 인권 문화 조성을 위한 연구 모임'이 만들어

졌다. 이 연구 모임에서는 세미나와 토론회 등을 거쳐 자체적으로 학생인권조례안을 작성했으나 선거를 앞두고 발의하지는 못했다. 그리고 2020년 6월, 연구 모임 대표를 맡았던 충남도의회의 민주당 의원이 학생인권조례안을 대표 발의하고 공청회 등을 열어 조례 제정을 추진하기 시작했다. 하지만 교육위원회에서는 학생인권조례안을 논의하면서 여러 조항을 개악, 후퇴시키려는 낌새를 보였다. 이에 지역의 시민사회단체들은 '충남학생인권조례제정본부'를 꾸려 학생인권조례 후퇴를 저지하기 위해 삭발 농성까지 감행하며 투쟁에 나섰다. 결국 6월 말 통과된 학생인권조례에서는 '반성문 강요 금지'가 빠지고 조사관의 권한이 축소되는 등 아쉬운 부분은 있었지만 그 외에 후퇴가 크게 우려되던 부분들을 어느 정도 지켜 낼 수 있었다.*

2020년 말에는 여섯 번째 학생인권조례가 제주도의회를 통과했다. 2018년부터 제주 학생인권조례를 만들

---

* "충남학생인권조례, 드디어 충남도의회 통과", 〈천안아산신문〉, 2020년 7월 2일.

고자 하는 움직임이 가시화됐고, 2020년 초, 제주 지역 학생들이 중심이 되어 학생인권조례 제정을 요구하는 청원을 제출했다. 이에 제주도의회의 정의당 의원이 청원을 받아들여 '제주도교육청 학생인권 조례안'을 대표 발의했다. 그러나 성소수자에 대한 차별·혐오, 교권 추락 우려 등 학생인권조례에 대한 공격이 거세자 제주도의회 교육위원회는 조례안 심사를 계속해서 보류시켰다.

그러다가 2020년 12월 말 수정된 학생인권조례안이 도의회에서 통과되었고, 2021년 공포되었다. 하지만 그 수정된 내용이 원안 또는 타 지역 조례에 비해, '차별받지 않을 권리' 조항에서 차별 사유를 8개로 대폭 줄인 점, 학생 정책 참여 기구를 삭제하고 참여권 등 내용을 축소시킨 점, 침해 구제 기구를 독립적으로 두지 않고 교육청 관료가 맡게 한 점 등 흔쾌히 환영하기에는 문제가 많았다. 때문에 학생인권조례 제정으로 제주 지역 초·중·고 학생들의 인권 현실이 개선될 발판이 마련된 것은 당연히 긍정적인 일이지만, 제주학생인권조례 제정연대 및 시민사회단체들은 '인권을 제한하는' 내용

의 학생인권조례 제정에 유감을 표했다.[*]

충남이나 제주의 학생인권조례 제정은 2013년 이후 멈춰 있던 학생인권조례 제정 흐름이 다시 시작됐다는 점에서 긍정적이다. 그러나 제주의 사례도 그렇고, 충남의 사례 역시 그 내용은 7년의 시간만큼 더 확대되고 발전했다고 보기가 어렵다. 가령 학칙으로 용의 복장을 규제하게 하던 「초·중등교육법 시행령」이 문재인 정부 들어 재개정됐음에도 충남 학생인권조례도 여전히 두발·복장을 규제할 수 있게 하는 조문을 답습하는 등 최선의 내용을 담았다고 보기는 어렵다. 새로 제정되는 학생인권조례가 과거보다 진일보한 내용을 담는 게 아니라, 오히려 기준이 후퇴하거나 구제 기구가 축소되는 문제가 나타나는 것에 대해 적극적인 평가와 성찰이 필요하다.

[*] "제주학생인권조례, 교육위원회 '수정 대안'으로 본회의 통과", 〈헤드라인제주〉, 2020년 12월 23일.

## 후퇴와 무력화,
## 그러나……

법은 인권을 증진시키고 보장하는 하나의 수단이다. 인권운동의 입장에서도 법·제도를 새로 만들고 바꾸는 것은 중요한 과제이자 과정이다. 대부분의 인권운동이 그러하듯이, 청소년인권운동 역시 점점 발전하고 정치적 지위를 가지면서 제도를 바꾸거나 만들어 내는 성과를 낳기 시작했다. 그중 대표적인 예가 학생인권 문제에서는 학생인권조례 운동과 체벌 금지·제한일 것이다. 2010년 경기 학생인권조례를 필두로 2020년 충남과 제주까지, 2010년대는 학생인권조례라는 학생인권 보장을 위한 최초의 법·제도가 만들어지면서 한국 사회와 학교를 변화시켜 온 시간이었다고 할 수 있다. 학생인권조례 자체도 변화시키고 발전시켜야 하는 대상으로서, 서울·경기·광주의 학생인권조례에는 2020년 전후로 혐오 표현에 관한 조항이 추가되기도 했다.

그러나 학생인권조례는 제정된 지 10년이 지나도록 여전히 한국 사회에서 확고한 지위를 갖지 못하고 있고, 끊임없이 공격받고 있으며, 학생인권 역시 사회 전반의 상식으로 자리 잡지 못하고 있다. 특히 전 사회적으로 성소수자나 이주민 등 소수자에 대한 혐오가 거세지고 있고, 학생들의 성적 실천이나 정치 참여 등에 대한 반감을 구실로 학생인권조례에 반대하는 행동이 조직화·체계화되고 있다. 나아가 '교권 추락'을 우려하는 목소리가 커지면서 교육청들이 학생인권조례의 적용과 집행에도 소극적인 모습을 보이고 있으며, 새로운 학생인권조례 제정에도 부정적인 여건이 조성되고 있다. 2022년 대통령 선거와 지방 선거를 거치면서 극우·보수적인 정당이 행정부 및 여러 지자체를 장악했다. 더구나 2023년 교사의 자살 사건이 큰 이슈가 되고 소위 '교권 추락'을 우려하는 여론이 높아지자, 교육부 장관과 대통령까지 나서서 "학생인권조례 때문"이라며 조례의 폐지·후퇴를 유도했다. 경기도에서는 교육감이 나서서 학생인권조례를 '권리와 책임에 대한 조례'로 바꾸겠다고 했다. 2024년에는 충남, 서울 등의 지방 의회들에서 학생인권조례 폐지안이 가결되는 일이 연이어 벌어졌다.

돌이켜 보면 학생인권조례 제정의 과정은 언제나 순탄치 못했고, 제정된 지역들도 대부분 한두 차례씩 좌절과 실패를 겪고서야 만들어지곤 했다. 지금 학생인권조례에 대한 공격과 후퇴·개악의 기류도 새삼스럽게 여길 건 없는 셈이다. 또한 학생인권조례는 학생인권을 개선하고 보장하기 위한 제도적 수단이니, 사회적·정치적 상황을 반영하여 더 적절한 방법을 모색하고 시도할 수도 있을 것이다. 그럼에도 불구하고, 학생도 인간이며 학교에서도 인권을 보장받아야만 한다는 당연한 원칙이 상식이 되는 날이 반드시 올 것이며, 와야 하리라고 믿는다.

# 학생인권조례가
# 지향하는 세상

진냥


## 청소년들이 일구어 낸
## 학생인권조례

2000년대 이후 한국 사회에서 학생인권은 꾸준히 중요한 의제였다. 국제적으로도 학교를 인권적으로 만들어야 한다는 움직임이 확산되었다. 유네스코는 인권 친화적 학교 만들기 5개년 프로젝트를 2회에 걸쳐 전 세계에서 진행했다. 청소년들의 직접 행동 속에서 등장한 학생인권조례는 그야말로 '뜨거운 감자'였다. 운동 사회든 정부든 함부로 내려놓을 수 없었다.

정부는 설혹 시늉에 불과하더라도 학교를 평화적이고 인권적인 방향으로 변화시키려는 노력을 보여야 했고, 각 지자체는 불편하더라도 학생인권조례와 같은 조치를 고려해야 했다. 심지어 한국에서 '보수의 심장'이라고 불리는 대구에서도 교육청이 주도하여 학생인권 관련 교사 연수를 개최했다(단 한 해에 그쳤지만).

2010년 10월 5일, 경기 학생인권조례가 제정되었다. 이후 광주, 서울에서 연이어 제정된 학생인권조례는 특정 지역을 넘어 전국적으로 흐름을 만들어 내는 운동이었다. 학생인권에 한정된 흐름은 아니었다. 2012년 4월, 국가인권위는 각 지자체에 인권 기본조례를 제정하라는 권고와 함께 표준안을 발표했다. 바야흐로 인권의 제도화 시대였고 학생인권조례 제정 역시 일정 부분 사회적 합의를 이뤘다고 여겨졌다. 달리 말하자면 지금의 학교가 비非인권적이고, 그를 변화시키기 위한 적극적인 노력이 필요하다는 인식이 당시 우리 사회에 합의되었다는 의미이기도 하다. 그야말로 청소년들이 일구어 낸 사회적 '진전'이었다.

## 학생인권조례를 반대하는
## 움직임 역시 남달랐다

학생인권조례는 많은 수의 국민에게 '조례'가 무엇인지 알게 하는 역사적 계기가 되기도 했다. 조례는 자치 법규로서 법·제도의 가장 낮은 자리를 차지하고 있지만 지역 주민들의 참여가 제도적으로 보장되어 있어 풀뿌리 민주주의의 장이라고 할 수 있다. 학생인권조례 이전에도 조례 제정 운동은 존재했지만, 학생인권조례는 지역마다 그러면서 전국적으로 제정 운동과 제정 반대 운동이 동시에 점화되었다는 측면에서 한국 지방 정치사에서도 매우 중요한 기점이었다.

특히 학생인권조례 반대 운동은 맘 카페와 종교 모임 등 지역 주민들의 네트워크를 통해 확산되었다. 블로그와 카페 등을 통한 바이럴 마케팅이 이미 일반화되어 있던 한국 사회에서 이미지와 영상 콘텐츠가 지역 주민들의 네트워크를 통해 제작되고 공유되면서 강력한 힘을 발휘했다. 콘텐츠들의 내용은 대부분 학생인권조례의 몇몇 조항들과 관련하여 발생할 수 있는 극단적인 사례나 과장된 해석들을 열거하며 위기감을 조성하는 방식이었다.

이때 학생인권조례에 반대하는 이유는 '무책임이 조례의 주된 내용이다', '교사가 학생을 지도할 수 없도록 막아 놓았다' 등이 대표적이다. '방종', '교육 붕괴', '사회 붕괴' 등의 말들도 함께 등장한다. 하지만 조례 하나로 사회가 붕괴될 리는 만무하다. 조례는 법·제도의 위계상 가장 낮은, 행정규칙과 같은 급에 위치해 효력이 제한적이다. 무엇보다 조례는 내용을 어겼을 때 적용되는 징벌 규정이 존재하지 않는다. 누군가를 징벌한다는 것은 벌금형이든 자유형이든 어떤 권리를 강제적으로 제한하거나 침해하는 것이 되는데 이는 법률에 의거해서만 가능하기 때문이다. 즉, 조례는 보통 '방법'이나 '가이드라인'의 역할을 하는 일종의 법적 합의다.

## 인간을 대하는 최저선에 대한 역사적 선언

한국은 서구 유럽과 같은 시민 혁명을 경험하지 못했다. 노비 해방도 정부가 주도한 갑오개혁으로 이루어졌고 독립운동과 민주화운동은 국가권력 자체를 대상으로 하는 운동이었다. 대통령 직선제 쟁취 과정을 통해 국민 주권의 원리는 강력하게 세웠으나, 누가 국민이며 시민의 보편 권리는 무엇을 말하는지에 대한 운동이 전면적으로 일어나진 않았다. 호주제 폐지 등 여성운동이 꾸준히 시도해 왔지만 아직 한국 사회는 모든 인간이 시민으로서의 권리를 가진다는 역사적 운동과 선언을 경험한 바 없다.

그래서일까? 시민으로서 누리는 기본권에 대해서도 여전히 사회적 논쟁이 벌어지고 있다. 학생인권조례에서 문제로 지적되는 조항들, 구체적으로는 사상의 자유, 개성을 실현할 권리, 사생활과 개인정보의 보호, 정보접근권, 정보 열람과 공개 청구권, 차별의 금지, 성인권교육 등은 학생들만이 가지는 특권이 아니다. 이 조항의 이름들은 그야말로 문명 사회에서 인간이 가지는 기본적 권리다. 이런 측면에서 볼 때 학생인권조례는 학생은 '미성숙'하고 미성숙한 인간은 기본적 권리를 제한해도 된다는 혹은 제한해야 한다는 주장으로부터 단절하려는 시도다. 청소년인권을 이야기한 청소년 당사자들이 쓴 (아마도 첫) 단행본 《머리에 피도 안 마른 것들 인권을 넘보다 ㅋㅋ》(공현 외, 2009) 제목을 통해서도 청소년인권운동이 근본적인 인간 지위 자체에 대한 운동이었음을 엿볼 수 있다. 학생인권조례는 지역별로 제정된 조례였지만 그 제정 과정은 모든 인간은 기본적 인권을 보장받아야 하며, 어리고 배우는 위치에 있는 사람 역시 인간이라는 선언이었다.

그래서 학생인권조례는 '학생인권조례가 제정되면 아침 등교 시 여학생이 화장을 하고 짧은 교복 치마에 슬리퍼를 신고 껌을 씹으며 들어온다'라는 식의 반대 논리에 직접 부딪친다. 학생인권조례는 학교에서 학생이 요구받는 일들이 정당한지 아닌지를 우리 사회에 질문하기 때문이다. 이를테면 이런 질문들이다. 학생이 '등교하면서 껌을 씹는 것'이 문제인가, 아니면 '껌을 어디에 뱉는지'가 문제인가? '여학생'의 행동만을 문제 삼는 것이 성차별은 아닌가? 만약 껌을 아무 데나 뱉는 것이 문제라면 뱉을 껌을 위생적으로 처리할 수 있는 방법을 제안하면 문제가 해결되는 게 아닐까? 모든 것을 개인의 책임으로 귀결시키기보다 논의를 촉진하는 것이 학생인권조례다. 더불어 껌을 바닥에 뱉었다 하더라도 그 학생을 모욕하거나 폭행할 수 없도록 보호하는 것이 학생인권조례의 역할이다. 인간은 그가 무언가 잘못을 했다고 하더라도 모든 인격을 박탈당하지 않을 수 있는 권리를 가지며, 학생의 위치에서라면 더욱 안전하게 잘못으로부터 학습하고 훈련받을 수 있는 교육권을 가지기 때문이다. 앞서 말했듯 학생인권조례는 배우는 위치에 있는 사람을 대하는 가이드라인이며, 정당한 목적과 요구를 위해서라 해도 정당한 방법으로 인간을 대우해야 한다는 법적 지침이다.

어떤 사람들은 과거에는 체벌 폭행도 많았고 더한 일도 많았다며 학생인권조례의 권리 보장이 지나치다고 비판한다. 최근 들어서는 학생인권으로 기울어진 학교 내 권력의 추를 바로잡아야 한다는 목소리도 공공연히 나온다. 그러면서 학생이 교사를 폭행한 사건 등이 거론된다. 정말 그럴까? 일부의 폭력적 행위가 집단 전체의 권리를 축소시켜야 하는 이유가 될 수 있는가?

일제 강점기나 독재 정권기 등 우리 역사 속에서 사상의 자유나 개성 실현의 권리가 등장하지 않았던 시기들도 있다. 하지만 우리는 그런 역사를 계승하지 않고 시민들의 손으로 민주주의를 쟁취해 냈다. 잘못해서 하야한 대통령도 있고 파면된 대통령도 있지만 대통령 직접선거를 폐지하고 간선제로 돌아가자고 말하는 사람은 없지 않은가. 우리 사회는 사상의 자유, 국민주권주의와 같은 민주적 가치들을 삶의 기본 전제로, 기본적 권리로 인정했다. 그러면 학생인권의 역사 역시 과거와 단절되어야 하지 않을까? 적어도 체벌 폭행이 만연하고 학생이 교사에게 질문할 수 없는 시기의 가치 판단은 우리의 선택지에서 완전히 삭제되어야 한다. 이러한 의미에서 학생인권조례의 의미는 교육에 국한되지 않는다. 모든 인간은 평등하며 나이가 적든 많든, 아는 것이 많든 적든, 모든 사람은 인간다운 대우를 받아야 한다는 원칙을 세우는 역사적 진전이다.

## 학생인권조례는 어린이·청소년을 다르게 대할 것을 요구한다

가부장제에 대한 설명으로 빼놓을 수

없는 것이 여성을 '성녀'와 '창녀'로 이분화하는 여성 혐오다. 가부장적 사회 질서에 부합하는 여성은 성녀로 추앙하고 질서에서 어긋나는 여성은 창녀로 매도하며 사회에서 배제하는 사회적 인식을 말함이다. 노출이 심한 옷을 입거나 늦은 밤에 거리를 오갔다면 성폭력 피해를 당할 만하다는 인식은 지금도 쉽게 찾아볼 수 있다. 사람들을 '갈라치기'하며 쟁점을 흐리고 사회 전체의 진전을 저해하는 이러한 이중 잣대는 여성뿐만 아니라 이주노동자, 장애인, 노인 등 다양한 집단을 대상으로 무수하게 존재한다. 학생을 대상으로 하는 이중 잣대 역시 강력하다. 천진무구한 어린이·청소년은 우리 사회의 희망이자 염원처럼 숭배되는 반면, 잘못을 저지르거나 사회 질서에 반하는 행동을 하는 어린이·청소년에게는 어떤 일을 당해도 싸다, 앞날이 뻔하다는 등의 공격이 돌아온다.

　그래서 학생에 대한 언급에는 언제나 '제대로', '엄하게', '훈육'해야 한다는 내용이 포함된다. 교사 양성 과정에서나 양육자들에게 제공되는 지침에서도 자주 강조되는 것은 평소에는 다정하게, 잘못을 했을 때는 엄하게 대하라는 말이다. 그런데 이 '엄하게'의 의미는 무엇일까? 일상적으로 '엄하게'는 보통 '무섭게'라고 해석된다. 절대 타협되지 않는 규칙이 있고 '규칙을 어기는 경우에는 보호받을 수 없어!'라는 공포를 학습시키는 방식이다. 한순간 돌변할 수 있는 보호자는 '본인은 악마가 되고 싶지 않습니다~'를 외치는 훈련소 교관과 다를 바 없다. 한국 사회는 갈수록 사람들의 불안도가 높아지고 관용과 포용이 부족하다고들 한다. 언제든 사랑과 보호가 박탈될 수 있다는 감각을 가르치는 교육이 이런 사회를 만드는 것에 일조하지 않았을까.

임혜지의 에세이 《고등어를 금하노라》(2009)에는 자녀와 마트에 장을 보러 간 이야기가 나온다. 저자는 콘돔 코너 앞을 지나다가 자녀에게 "너도 이제 이런 거 필요하지 않아?"라고 질문했다. 그 말을 들은 자녀는 깜짝 놀라며 자신은 그런 거 필요 없다고 말했다. 왜 필요가 없냐고 다시 물으니 임신해서 인생 망칠 일 있냐고, 섹스 같은 거 안 한다고 자녀는 답했다. 이 대답을 듣고 저자는 정색을 하며 말한다. 엄마, 아빠를 어떻게 보고 그런 말을 하냐고. 섹스를 하든 임신을 하든 네 인생은 망하거나 하지 않는다고. 엄마, 아빠가 그렇게 두지 않는다고. 인생에서 사건 사고가 발생할 수도 있고 문제가 생길 수도 있고 잘못할 수도 있지만 그 과정에서 우리가 함께할 것이고 회복해 나갈 수 있을 것이라고 저자는 자녀 앞에서 말했다고 한다. 마치 평생 한 번도 가져 보지 못한 안전망을 약속하는 구세주와 같은 모습을 상상하게 하는 장면이다. 우리는 언제 어디서 할지 모르는 단 한 번의 실수로 인생이 망할 수 있는 세상에 살고 있지 않은가. 권력자의 지시에 따르지 않거나 어떤 일에 실패하더라도 사회로부터 배제되지 않을 수 있는 안전망이 존재하는 사회를 우리가 바란다면 교육에서부터 안전망을 만들어야 하지 않을까.

앞서 언급했던 '엄하다'를 표준국어대사전에서 찾아보면 다음과 같다.

### 엄-하다

1. 규율이나 규칙을 적용하거나 예절을 가르치는 것이 매우 철저하고 바르다.

2. 어떤 일이나 행동이 잘못되지 아니하도록 주의가 철저하다.

3. 성격이나 행동이 철저하고 까다롭다.


'엄하다'의 사전적 의미에 무섭다는 뜻은 포함되어 있지 않다. 반복되어 보이는 것은 철저함이다. 중요하게 다루고, 허투루 넘기지 않고, 계속 관심을 가지고 세세하게 살피는 것이 '엄하게'의 의미다. 어떤 측면에서 '엄하게'의 의미는 '무섭게'보다는 '진지하게', '무겁게'의 의미에 가깝다. 하지만 우리 사회는 어린이·청소년과 진지하고 무겁게 소통하는 것을 낯설어하고 그런 일에 서툴다. 어린이·청소년에게 겁을 주는 무서운 소통이 훨씬 익숙하고 일상적이다. 또한 '무섭게'는 일시적으로 마주했다가 금방 멀어지는 관계를 의미하지만 '진지하고 철저하게'는 지속적이고 끈기 있는 관계성을 포함한다. 인간의 변화는 시간과 노력을 필요로 하는 일이고 그것은 폭력적이거나 강하거나 괴롭히는 방식이 아니라 진지하고 중요하게 까다롭고 민감하게 소통함으로써 이루어질 수 있기 때문이다.

이런 배경에서 생각해 보자면, 학생인권조례는 학생 특히 어린이·청소년과 진지하게 소통하자고 요구하는 것이다. 문제가 발생하면 무서운 수단들을 동원하여 압박하고 문제가 발생하지 않을 때는 멀리 떨어져 있는 교사/학교/교육 속에서 학생은 문제가 있을 때도 고립되고 문제가 없을 때도 혼자다. 이 고립은 학생만의 문제가 아니다. 그래서 학생인권조례는 무섭고 폭력적인 학교 문화에 저항하고 민주적 의사소통을 지향하며 보다 많은 정보를 학생과 공유하고 더 많은 의사결정의 장에 학생을 초대한다. 이렇게 학생인권조례는 소통과 교육에 대한 기본적 접근을 달리하라고 요구해 왔다.

## 학생인권조례는 교육의 혁신을 지향한다

학생과 진지하게 소통하라는 요구는 학생인권조례만의 것은 아니었다. 이는 교육학에서 일어난 인식론의 변화와도 궤를 함께한다. 전통적인 교육의 인식론은 행동주의라고 말할 수 있는데, 행동주의 교육은 쉽게 말하면 상과 벌을 이용하여 교육 대상을 훈련시키는 교육 원리다. '손'이라고 할 때 앞발을 내미는 개에게 간식을 주는 것과 같은 방식이다. 이에 대한 반발로 인지주의 교육이 등장했다. 인지주의 교육은 교육 참여자에게 보다 능동성을 부여하고, 사고 과정과 인지 구조에 집중하는 교육이었다. 생각하는 방법이나 인식을 변화시켜서 태도와 행동을 바꾸게 하려는 시도들이 인지주의에 바탕을 둔 접근이라 할 수 있다.

이후 구성주의 교육학이 등장하게 되는데, 구성주의 교육학은 독립적인 진리와 같은 지식은 존재하지 않으며, 학습에 따라 인간 스스로가 지식을 구성한다고 바라본다. 가장 능동적으로 인간을 바라보는 구성주의 교육학은 행동주의나 인지주의에 대한 대안적 교육 원리라 할 수 있다. 한국에서도 1990년대 이후 매우 적극적으로 구성주의 교육학을 수용했고 지금의 교육과정이나 교육 정책은 학생들 간의 공동 학습이나 상호작용을 강조하는 등 구성주의 교육 원리를 바탕으로 하고 있다. 특히 민주시민교육이나 학생 자치, 혁신 교육 등 비교적 최근에 등장한 교육 담론에서는 학습자를

## 학습에 관한 네 가지 관점들(추병완, 2000)

| | 행동주의 | 외생적 구성주의 | 내생적 구성주의 | 변증법적 구성주의 |
|---|---|---|---|---|
| 지식 | • 획득하기 위해 고정된 지식<br>• 외부로부터 자극됨 | • 획득하기 위해 고정된 지식<br>• 외부로부터 자극됨<br>• 이전 지식이 정보가 처리되는 방식에 영향을 줌 | • 변화하는 지식<br>• 사회 세계 속에서 개별적으로 구성됨<br>• 학습자가 초래한 것에 바탕을 둠 | • 사회적으로 구성된 지식<br>• 참여자가 함께 구성하고 기여한 것에 바탕을 둠 |
| 학습 | • 사실, 기능, 개념의 획득 | • 사실, 기능, 개념, 전략의 획득<br>• 전략의 효율적 적용을 통해서 일어남 | • 능동적 구성, 이전 지식의 재구조화<br>• 이미 알고 있는 것과 관련시키기 위한 여러 기회와 다양한 과정을 통하여 일어남 | • 사회적으로 정의된 지식과 가치에 관한 협동적 구성<br>• 사회적으로 구성된 기회를 통하여 일어남 |
| 교수 | • 전수<br>• 발표(말하기) | • 전수<br>• 정확하고 완벽한 지식을 향해 학생들을 안내하기 | • 보다 완벽한 이해를 향해 학생들의 사고에 도전하고 안내하기 | • 학생들과 지식을 공동으로 구성하기 |
| 교사의 역할 | • 매니저, 감독관<br>• 그른 답변을 교정해 줌 | • 효율적인 전략을 가르치고 시범을 보여 줌<br>• 잘못된 생각을 교정해 줌 | • 촉진자, 가이드<br>• 학생들의 현재 개념, 아이디어, 사고를 경청함 | • 촉진자, 가이드, 공동 참여자<br>• 지식에 대한 상이한 해석을 공동 구성함<br>• 사회적으로 구성된 개념에 따름 |

| | | | | |
|---|---|---|---|---|
| **동료의 역할** | • 대개 고려되지 않음 | • 필수적인 것은 아니지만, 정보 처리에 영향을 줄 수 있음 | • 필수적인 것은 아니지만, 사고를 자극하고 질문을 제기함 | • 지식 구성 과정의 일상적인 한 부분 |
| **학생의 역할** | • 수동적인 정보 수용<br>• 능동적 청취자, 지시의 수행자 | • 능동적 정보 처리자, 전략 사용자<br>• 정보의 조직자 및 재조직자<br>• 기억하는 사람 | • 정신 속에서의 능동적 구성<br>• 능동적 사유자, 설명자, 해석자, 질문자 | • 자아 및 타인과의 능동적인 공동 구성<br>• 능동적 사유자, 설명자, 해석자, 질문자<br>• 능동적인 사회 참여자 |

'능동적 사유자', '해석자', '질문자', 주체적인 '사회 참여자'로 바라보는 변증법적 구성주의의 입장을 취하고 있다.

교육학의 다양한 입장들을 뭐는 맞고 뭐는 틀리다고 말할 수는 없을 것이다. 다만 주목해야 할 지점은, 학습자를 능동적인 주체로 인정하고 세계를 구성하는 행위자이자 참여자로 여기는 것에 교육혁신운동과 학생인권조례가 가지는 공유 지점이 있다는 것이다. 이미 구성되어 있던 세상을 어린이·청소년이 학습하는 것이 아니라 어린이·청소년, 학생이 시민으로서 세계에 개입하고 세상을 바꾸어 나갈 권리가 있음을 교육혁신운동과 학생인권조례 모두가 이야기하고 실천했다. 하지만 이러한 주장이 모든 사람의 지지를 받지는 못했다. 학생인권조례가 한국 사회 전체에서 10년이 넘는 시간 동안 뜨거운 정치적 의제인 이유도 이와 연관되어 있다.

학생인권조례는 분명 학교를 범위로 한 조례이지만 학교에 그치지 않고 많은 개개인에까지 영향을 끼친다. 이것은 정치와 권력의 문제인 동시에 각 개인이 매일 마주하고 있는 어린이·청소년과 더 평등한 관계를 맺어야 하는 일상의 문제이기도 했다. 특히 한국 사회는 교육의 역할을 학교가 거의 독점하고 있고 10대 이하의 사람들이 교육 제도, 즉 학교에 집단 분리되어 있다시피 한 사회 구조를 가지고 있다. 이 사회 구조는 학교의 힘만으로 유지되고 있지 않다. 학교가 두발 단속을 할 수 있었던 이유는 가정에서도 어린이·청소년의 머리 길이를 통제하고 있었기 때문이고 학교가 학교 밖 생활까지 통제할 수 있는 이유는 우리 사회 전체에서 학생에게 '배우는 사람'이라는 사회적 역할만을 허락하고 있기 때문이다. 그래서 학생인권조례는 어린이·청소년

을 분리해 가두고 있는 이 한국 사회 전체를 바꾸고자
했다. 학생도 세상 속에서 주권자로 참여할 수 있다는
교육혁신운동과 학생인권조례의 주장은 어린이·청소년
이 교문을 넘어, 학교가 아닌 곳에서 더 많이 생활하고
학교가 아닌 곳에서 더 많이 행동하며 교육이 아닌 다
른 영역에서 더 많은 것을 향유하고 덜 통제받는 것을
지향하는 것이었다.

이런 배경에서 경기 학생인권조례의 바탕이 된 〈인권
친화적 학교 문화 조성을 위한 지침서〉(진영종 외, 2007)
에서는 다음과 같은 열 가지 열쇠말을 제시하였다.


**인권을 존중하는 학교 문화의 열쇠말 10가지**

1. 권리의 존엄한 주체로서의 학생

교육의 목적은 아동의 인간으로서의 존엄성과 권리를 증진
하고 지원하며 보호하는 데 있다. 이러한 목적 속에서 아동
은 독립된 인격체이자 권리의 주체이다.

2. 참여와 결정을 훈련할 수 있는 학교

아동의 의미 있는 참여는 아동의 '권리'이다.

3. 차이를 존중하고 차별에 맞서는 학교

학교는 아동의 '다양성'을 사랑해야 한다. 어떤 아동도 어떤 이유로든 차별받아서는 안 되며 차이를 이해하며 존중하는 교육을 받아야 한다.

## 4. 감당할 만한 교육

모든 교육이 선한 것은 아니다. 아동의 과중한 학습 노동, 상급 학교 진학에 볼모로 잡힌 교육, 체벌과 혹독한 훈육에 의지한 교육, 경제적으로 과도한 부담을 지우는 교육 등은 아동이 신체적·정신적·정서적·물질적·문화적으로 감당할 수 없는 것이다. 아동이 감당할 만한 교육이란 아동에게 적합하며 아동의 권리 실현을 증진할 수 있는 내용과 질을 가져야 한다.

## 5. 자유의 행사를 통한 책임 있는 삶의 영위

아동의 프라이버시 등 개인으로서의 인격에 대한 존중을 기반으로 할 때, 아동은 타인과 사회와의 관계와 책임에 대해 정당한 관심을 가질 수 있다. 아동은 자유 사회에서 책임 있는 삶을 영위하는 삶의 기술을 학교생활에서 경험하고 습득할 수 있어야 한다. 열쇠말 5는 열쇠말 2 '참여와 결정을 훈련할 수 있는 학교'와 불가분의 관계에 있다.

## 6. 아동의 총체적 삶에 대한 돌봄이 있는 학교

학교는 아동의 학습만을 다루는 곳이 아니다. 학교는 아동이 신체적, 정신적, 심리적으로 건강하게 자라고 자신의 잠재성을 충분히 발휘할 수 있도록 아동의 총체적 삶을 염두에 둬야 한다. 아동을 총체적으로 바라본다는 것은 아동이 학교 체제 속에 들어오기 전의 상황과 아동이 교실을 떠난 후에 '가정, 지역 사회, 일터'에서 아동에게 무슨 일이 벌어지는가에 대해 유념하는 것이다.

## 7. 인권의 상호불가분성에 대한 존중

아동의 모든 권리는 상호불가분하고 상호연관된다. 아동의 각 권리는 전체 맥락과 떨어져 있거나 분리된 가치를 가지는 것이 아니라 서로 강화·보완·통합되는 것이다. 예를 들어 아동의 자유의 행사에는 그를 뒷받침하는 물적 조건이 요구되는 한편 아동의 어떤 권리, 가령 건강권을 보장한다는 명분으로 아동의 프라이버시 등 여타 권리를 침해해서는 안 된다. 열쇠말 5에서 다룬 '자유의 행사를 통한 책임 있는 삶의 영위'는 열쇠말 7에서 주로 다루고 있는 사회권적 내용과 불가분의 관계에 있다.

## 8. 네트워크와 연대가 꽃피는 학교

아동 권리의 이행에는 아동 자신을 포함한 사회 전 부문의 참여가 필요하다. 학교는 학생, 교사, 부모, 지역 사회, 민간 단체 및 기타 시민사회를 대표하는 기관들이 관련되는 곳이다. 학교를 학교 당국자만의 관할 구역인 폐쇄 공간으로 여겨져서는 안 된다. 한 아이를 키우는 데는 마을 하나가 필요하다고 했다. '마을'을 구성하는 모든 구성원들이 학교의 운영에 관여할 수 있고 책임질 수 있어야 한다.

## 9. 교사의 권한과 역량 강화

교육의 물적 토대를 비롯해 교육 환경을 고려치 않고 학생에 대한 인권 존중을 교사 개인의 책임만으로 돌릴 수는 없다. 학생인권에 초점을 둔 시스템을 갖춘 학교가 요구된다.

## 10. 권리 구제에 대한 보장

아동이 갖는 인권이 의미가 있으려면 권리 침해가 있을 때 이를 시정하기 위한 효과적인 구제 조치가 있어야만 한다.


이 열쇠말들은 흔히 우리가 말하는 인권의 영역들, 그러니까 존엄, 평등, 자유, 사회권, 정치권, 연대권 등이 학생에게도 보장되어야 하며 학교에서 어떤 모습이어야 하는가를 보여 주는 청사진이다. 더불어 미래의 사회 구성원으로서의 학생을 예비하고 동시에 현재의 사회 구성원으로서 학생을 지지하고 지원하는 학교교육의 모습을 구체화했다. 학생인권조례가 각 개인의 권리 주장에만 그치는 것이 아니라 학교와 사회를 변화시키고 교육을 변화시키는 것을 지향한다는 것을 보여주는 것이다. 학생의 권리가 보장되고 참여 권한이 주어지고 연대와 다양성, 존중이 이루어지는 것이 어린 사람 그리고 모든 배우는 사람들의 인권을 보장하는 실질적 방법이고 그를 통해 인권 친화적인 학교가 실현될 수 있는 것이다.

이것은 어린이·청소년에게만 해당되는 것은 아니다. 모든 사람은 학생인 시기를 거치고, 지금이 평생교육 시대임을 고려하면 모든 사람은 평생 학생이라고도 말할 수 있다. 앞서 서술한 바와 같이 학생인권조례는 배우는 위치에 있거나 어린 사람 역시 인간이며 인간으로서의 권리를 보장받아야 한다는 인권운동의 맥락에 위치해 있으면서, 교육혁신운동과도 밀접한 관련을 가지고 있다. 따라서 교육의 변화를 견인했고 지금도 이루어 내고 있다.

## 학생이 학교의 주인이다
## - 성원권과 장소권

교육이 민주적 의사소통을 지향한다는 의미는 소통의 방법만을 이야기하는 것은 아니다. 한국 교육은 정답만을 강조하고 정해진 대로 따르기를 가르치는 교육, 자기 생각을 가질 수 없는 교육이라고, 그래서 실제로 문제 해결력은 약하다고 오래전부터 비판받아 왔다. 고차원 사고력이니 문제 중심 교육이니 하는 시도들이 있었다. 2014년 세월호 참사 이후 '가만히 있으라'에서 변화하고자 '4.16 교육 체제' 등 포스트-세월호 교육을 주장한 적도 있었지만, 교육과 학교가 본질적으로 변화하진 않았다.

아주대 심리학과 김경일 교수는 수십 개의 문명을 비교 연구한 문화학자 브라운의 연구를 빌려, '기록이 전해지지 않는 문명에서 미신이 창궐한다'고 이야기한 적이 있다.* 문제에 직면했을 때 과거의 기록이 남

---

* "우리는 왜 힘들 때 '점집'을 찾을까", KBS 1라디오 〈최경영의 최강시사〉, 2023년 10월 6일.

아 있다면 그에 기대어 사고할 수 있지만 기록이 없다면 미신과 같은 불확실한 정보에도 매달리게 된다는 것이다. 이런 경향은 학교 특히 학생 사회에서도 나타난다. 학교가 과거에 어떤 역사를 거쳐 왔는지에 대한 기록은 거의 없고, 공문 대장 등 기록이 남아 있더라도 학생들은 접근할 수 없다. 현재 자신이 속한 공동체가 어떤 상황인지 어떤 과정이 펼쳐질 것인지에 대한 정보도 학생들에게는 매우 제한적으로 제공된다. 교사는 1년을 근무하고 나면 연간 싸이클이라도 알게 되지만 학생은 학년이 달라지면서 해마다 다른 과정 속에 놓인다. 이런 상황 속에서 학생들은 정보나 소문에 매우 민감해질 수밖에 없다. 우연히 얻은 작은 정보도 학생들에게는 권력의 자원이 될 수 있고 교사의 말 한마디가 절대 저항할 수 없는 강력한 제도로 여겨지기도 한다.

알 권리가 정보권이자 동시에 정치적 권리의 바탕이 되는 이유가 여기에 있다. 알지 못하면 결정 과정에 참여할 수 없고 권한을 가질 수 없으며 잘못된 판단 혹은 어리석은 모습을 보일 가능성이 높다. 알지 못하게 하는 억압과 통제는 현재에만 작용하지 않는다. 지속적인 억압과 통제는 대상을 무력화시키고 저평가받게 함으로써 억압과 통제를 정당화한다. 요컨대 과거와 현재에 대한 정보가 제한된 상황 탓에 학생의 정치적 권리도 제한받고 있으며, 이러한 제한이 학생으로 하여금 미성숙한 모습으로 존재하도록 만들고 있는 것이다.

인권은 인간의 존재적 권리이며 조건 없는 권리다. 따라서 배운 게 없거나 무지하거나 능력이 없거나 미성숙하더라도 자신이 속한 공동체의 구성원으로서 가지는 권리는 제한되어서는 안 된다. 구성원으로서의 권리, 즉 성원권은 지금 여기에 있는 존재 자체가 가지는 존엄한 권리이다. 또한 성원권을 행사할 수 있도록 정보를 제공하고 능력을 지원하고 적절한 과정을 통해 참여와 결정을 훈련할 권리를 보장할 것을 요구하는 것도 성원권이라 할 수 있다.

유사한 개념으로 '장소권' 혹은 '공간 주권'도 최근 들어 논의되고 있다. 프랑스의 사회학자 앙리 르페브르(2011)는 근대 국가의 시민권과 대별되는 개념으로 장소권을 제안하며, 지역/공간에 대한 권리는 그 지역/그

공간을 이용하는 사람이 누려야 한다고 주장했다. 근대적 시민권은 국적 등 일정한 자격의 획득을 전제로 하고 있어 한정적으로 부여되는 권리인 반면, 공동체의 소속감은 영토 단위나 국적에 따라서 생기는 것이 아니며 지역이나 공간에 있다는 것을 강조하면서 거주자의 권리가 근대적 의미의 시민권보다 더 유의미하다고 주장했다(이희진, 2020). 이러한 공간 주권의 개념을 수용하여 울산시교육청은 2020년 11월 3일 91주년 학생독립운동기념일을 맞아 울산학생교육문화회관 개관식에서 학생의 공간 주권을 선언한 바 있다.

자격 습득이 아닌, 공간을 기준으로 하는 성원권의 인정은 학생인권조례의 중요한 부분이다. 몇 해 이상 살아야, 어떤 수준의 학력이 있어야, 어떤 과정을 거쳐야, 어떤 규범을 준수해야, 어떤 행동을 해야 인권이 생기는 것이 아니기 때문이다. 어떤 것을 알고 어떤 것을 할 수 있어야 공동체의 의사결정 과정에 참여할 수 있는 것이 아니다. 성원으로서 참여할 권리는 사람의 존재 자체가 가지는 존엄한 권리다. 이것은 민주주의와 인권의 기본적 원칙이지만 그간 학교에서 지켜지지 않았다. 심지어 학교의 주인은 학생이라는 말은 과거에는 공허했고 지금은 잊힌 말이다. 조회 시간에조차 언급되지 않고 학생들에게 "학교의 주인은 누구?"라고 물어도 들어본 적 없어 대답이 나오지 않는다. 오히려 "학교의 주인은 교장이다, 교사다" 하는 발언이 더 많이 나온다. 스쿨 미투 운동이 치열하던 2018년 전후에도 이 논란은 종종 등장했다. 무엇보다 '학생'은 졸업하여 학교를 떠나게 되므로 많은 경우 문제 제기한 사안이 마무리될 때까지 당사자로서 개입할 수 없었다. 또한 이 이유로 문제 해결 과정에서 배제되는 경우도 많았다(물론, 어리고 미성숙하다는 차별적인 이유가 더 컸지만).

학생에게 장소권에 기반한 성원권이 주어져야 한다는 주장은 딱히 급진적인 주장도, 청소년들만의 주장도 아니다. 오히려 법적인 주장에 가깝다. '학생'이라는 개념이 학교라는 공간 및 기관에 기반해서 정의되고, 기본적으로 학생에게 적용되는 통제나 규정은 학교라는 공간적 경계에 기반하고 있기 때문이다. 이는 「학교안전사고 예방 및 보상에 관한 법률」에 의해 학교안전공제회에서 책임 보상을 하는 교육활동의 범위나 「학교폭력 예방 및 대책에 관한 법률」에서 학교폭력을 판단할 때 판단의 기준은 피해자가 학생인가 또는 학교라는 공간 안에서 일어난 일인가 하는 것이다. 각종 법적용은 학교 공간을 기반으로 하면서 의사결정과 권리의 기반은 학교 공간을 기준으로 하지 않는 것은 일관성이나 형평성의 측면에서 잘못된 것이 아닐까.

학교는 또 다른 사회이고 학교의 주권자는 학생이다. 학생인권조례는 학생 자치를 강화하고 관련한 학생들의 권한을 제도화하고자 했다. 즉, 모든 학생이 학교 사회의 정치적 시민임을 공식화하는 시도였다. 공허하다 못해 지금은 아예 잊힌 말, 학교의 주인은 학생이라는 그 말을 복원하고 실현하는 과정이었다.

## 학생인권조례는 평등을 꿈꾼다

한국 사회는 식민 통치와 한국전쟁으로 기존의 사회 계급이 대부분 사라졌다고 평가받는다(남미자 외, 2021). 김종엽·정민승(2019)은 한국 근대화의 이러한 특징을 '연대 없는 평등주의'라고 호명하며, 수많은 이주민, 실향민, 가업의 단절 등으로 사회적 위계와 신분 질서, 문화적 차등이 파괴되어 거대한 사회적 평준화가 이루어졌다고 설명한다. 평등해졌으나 기존의 사회 질서가 모두 파괴된 상황에서 믿을 수 있는 사람도 사회 안전망도, 협력할 수 있는 네트워크도 없는 사회가 되어, 동원할 수 있는 유일한 방법은 개인 또는 가족의 능력으로 성공을 이루는 각자도생뿐이 되고 연대가 빈곤해지게 된 것이다. 그 과정에서 '연대 없는 평등주의'는 평등을 강조하지만 평등하지 않은 사회를 구축해 냈다. 근대화 과정에서 개인은 나이, 성, 능력, 재능이나 특수성 그리고 비정상성과 관련된 '요구'에 따라 '인지되고', '변형되며', '분해'되어(Hoskin, 1990) 측정하고 비교할 수 있게 재구성되었다. 측정되고 비교된 값은 다른 처우, 다른 권리를 정당화하는 근거로 사용된다. 이를테면 신인 가수를 뽑는 오디션 프로그램에는 모든 참여자가 절박하게 달려들고 오디션이 진행되는 기간 동안 다른 일상을 포기하고 프로그램 측에서 정하는 일정에만 매진해야 하는 조건이 주어진다. 하지만 주어지는 식사도 숙소도, 편의 시설도 차별화된다. 같은 일을 하는 노동자들을 비교하여 현저하게 다른 처우를 제공하는 것이지만 오히려 정당해 보인다.

학교 역시 마찬가지다. 연대가 없는 사회라는 점은 아마 거의 대부분의 학생이 매일 느끼며 살고 있을 것이다. 같은 공간 안에서 함께 살다시피 하는 사람들과 매순간 경쟁해야 하는 제도를 '의무교육'이라는 말로 강제해 놓고 모든 것을 숫자로 평가하고 있다. 등수나 점수는 그 과정이 적절하든지 아니든지, 평등하든지 아니든지 간에 공적 기관인 학교에서 보증하는 과정을 통해 측정된 '값'이기에 다른 것 — 주로 경제적 이득이나 차별적인 대우 — 으로 치환될 수 있다. 처우를 다르게 받거나 부당한 처우가 발생하면 불만이 제기되지만 그것이 다른 '값'으로 보상되거나 보상될 가능성이 있다면 정당화된다. 그 정당화에 학교와 교육이 기여해 온 것이다.

학생인권조례는 값에 따라 다르게 대우받는 사회에 저항했다. 어떤 인간도 차별받아서는 안 된다는 것이 우리 사회에 기본적 전제로 자리잡히지 않았다는 것을 드러냈다. 인간을 차별하는 것이 교육적 행위로 이해될 수 없고 이해되어서도 안 된다는 기본적 원칙이 없는 학교와 차별을 정당화하는 사회적 인식에 맞서 학생인권조례는 주장하고 보여 주었다. 사람을 차별하지 않아도 학교가 망하지 않으며 차별하지 않는 교육을 우리도 꿈꿀 수 있다는 것을 말이다. 아니 더 정확하게는, 어떤 이유에서든 학교에서 모든 학생은 평등해야 한다는 것이 학생인권조례의 꿈이자 의미다. 모든 운동과 인류 역사의 방향, 학생인권조례가 꿈꾼 것 역시 그것이다. 모든 인간은 평등하다!

2부

# 학생인권조례에 대한 다섯 가지 질문

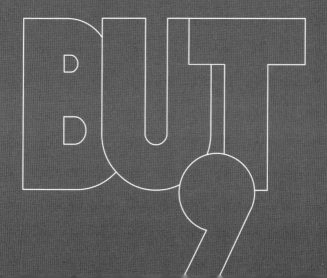

# 왜 학생의 인권만
# 조례로 보장하나?

---

공현

## 대구도 '反서울' 교육권리헌장 곧 선포…
## 교육공동체 모두의 인권 보장

서울 등 전국에서 학생인권을 강조한 조례 제정이 잇따르고 있는 가운데 대구에서 학생, 교사, 학부모 모두의 인권을 보장하는 헌장이 선포된다. 대구시교육청은 새 학기가 시작되는 3월쯤 이 같은 내용의 '교육권리헌장'을 선포할 예정이라고 1일 밝혔다. 헌장은 원래 지난해 12월쯤 선포할 예정이었지만 대구 학교폭력 중학생 자살 사건 때문에 미뤄졌다.

헌장에는 양심과 종교의 자유, 복장과 두발에 관한 권리 등 학생인권에 관한 내용뿐만 아니라 교사의 교권, 학부모의 교육권도 함께 명시해 교육 주체들의 권리를 포괄적으로 다뤘다는 평가를 받고 있다. (······)

시교육청 관계자는 "이미 각종 법규로 교육 주체들의 권리를 규정하고 있기 때문에 굳이 조례로 제정하지 않았다"며 "조화를 이룰 수 있는 방향성을 제시한다는 의미에서 헌장을 선포하는 것"이라고 말했다.

〈국민일보〉, 2012년 2월 1일

## 전국 최초 '전북 교육 인권 증진 조례' 가시화

도교육청은 지난 10일 '전라북도교육청 교육 인권 증진 기본조례 제정'을 위한 공청회를 개최했다. 이날 공청회는 전북대 정영선 교수가 '전라북도교육청 교육 인권 증진 기본 조례안'의 필요성을 설명했다. 정 교수는 "기존의 전북학생인권조례는 인권 보호 대상이 학생에만 국한돼 있어 한계가 있었다. 학교 구성원 전체의 인권을 보호하기 위해서는 새로운 조례가 제정돼야 한다"고 강조했다. (······)

'교육 인권 증진 기본 조례'는 학생은 물론이고 교원, 교육 행정직, 교육공무직, 보호자로 확대하고 집행 기관인 학생인권센터를 전북교육인권센터로 대체하는 것이다. (……)

서거석 교육감은 "현재 학생인권만 보호하는 학생인권조례를 뛰어넘어 학교구성원 전체의 인권을 보호하기 위해 새로운 조례 제정이 필요하다"면서 "인권 보호 대상을 학생에서 교직원까지 확대함으로써 교육계 인권 의식과 인권 정책이 크게 신장될 것으로 기대한다"고 말했다.

〈전북일보〉, 2023년 2월 12일

학생인권조례에 관하여 자주 받게 되는 질문 중 하나가 '왜 학생인권조례만 있는가?', '왜 하필 학생인권조례라는 게 필요한가?'이다. 보통 여기에 이어지는 말들은 이렇다. "교사의 인권(또는 교권)은 보장 안 하나?" "학생의 의무도 넣어야 한다."

말하자면 어째서 '학생의' '인권을' 굳이 조례 등으로 보장해야 하느냐고, 학생인권조례의 존재 이유 자체에 의문을 제기하는 셈이다. 그렇지만 학생인권조례는 '학생'의 '인권'을 보장하기 위한 법으로서의 맥락과 이유가 있다. 왜 '학생' '인권' 조례인지를 하나하나 살펴봄으로써 학생인권조례의 의의와 지향을 알아 보자.

## 교사, 학부모의 인권은
## 왜 안 다루나?

학생인권조례에 달리는 의문 부호 중 가장 자주 보이는 것이 바로 '왜 학생을 위해서만 인권조례가 있느냐'는 것이다. 그러면서 학생인권 말고 '교사의 인권'도 넣으라든지, 교육 3주체를 염두에 두고 교사에 더해 보호자(학부모)의 권리도 넣으라든지, 학교 구성원 모두의 인권을 담으라든지 하는 주장이 뒤따른다. '교육공동체구성원인권조례', '학교인권조례' 같은 유사類似 학생인권조례를 만들려는 예도 있었고, 결국 인천에서는 2021년, 「인천광역시교육청 학교구성원 인권증진 조례」를 만들기도 했다.

그러나 이런 주장은 학생인권조례가 만들어지게 된 배경과 역사를 무시하는 것이다. 학생인권조례는 그간 학교의 문화, 관행, 규칙 등에 의해서 학생들의 인권이 침해당해 왔기 때문에 이를 개혁하기 위해 나온 제도이다. 지난 수십 년 동안 한국의 학교에서 학생들은 통제와 교육의 대상, 미성숙하고 인간이 덜 된 존재로 간주되었다. 학생에게 인권이 존재한다는 인식 자체가 없었다. 이처럼 인권과 권력이 없는 존재였던 학생들에게 보장되어야 할 인권이 무엇인지, 그것이 어떻게 실현되어야 하는지를 공식적으로 규정한 것이 학생인권조례이다. 그렇기에 학생인권조례는 학교와 교육, 사회를 변화시키는 유의미한 개혁인 것이다.

'그럼 교사 인권은 없느냐'고 하는 경우도 있는데, 누군가의 인권이 신장된다고 해서 다른 누군가의 인권이 부정되는 것은 아니다. 정부에게는 학생과 교사를 비롯해 학교 구성원 모두의 인권이 보장되는 학교와 환경을 만들 의무가 있다. 그중에서도 특히 학생들의 인권이 보장되지 않는 상황 때문에 등장한 정책이 학생인권조례이다.

더군다나 학생인권조례가 대두되기 전에는 '교사 인권'이나 '학부모 인권' 보장을 위한 조례 같은 것을 만들자는 주장이 제기된 적이 없었다는 점에서, 학생인권조례가 아닌 학교구성원인권조례를 만들라는 말이 실질적으로 교사나 학부모 인권 보장의 필요성 때문에 나왔다고 보기는 어렵다. 만일 학생인권조례의 등장 속에 사람들의 권리 의식이 높아져서 교사의 인권 등을 보장하기 위한 제도도 필요하다고 생각하게 된 거라면 이는 학생인권조례의 긍정적 효과라고 할 수 있다. 그렇다면 교사나 다른 학교 구성원의 인권을 보장하기 위한 정책을 따로 추진하는 것이 바람직할 것이다.

## '학교구성원인권조례'를 반대하는 이유

2013년, 미국에서는 경찰이 함부로 흑인을 죽인 사건들 때문에 'Black Lives Matter' 운동이 일어난 적이 있다. 이 운동에 대한 반응으로 일각에선 'All Lives Matter'라는 표어가 등장했는데, 이는 경찰의 폭력이 흑인들에게 향해 있고 그 배경에 인종 차별이 있음을 가리기 때문에 비판받았다. 학생인권조례에 대해 '왜 학생만?' 같은 말을 하는 것 역시 비슷한 문제점이 있다고 할 수 있다. 우리는 여러 주체들 모두가 같은 인권을 보장받을 수 있도록 애써야 하고, 그러기 위해서라도 여러 소수자들이 인권 침해를 당하는 원인과 상황을 지우지 말아야 한다. 각각의 인권 침해가 일어나게 되는 구조적 원인을 살펴 적절한 정책을 마련해야 한다. 누군가의 인권에 대한 요구를 방해하기 위해 다른 이들의 인권을 핑계 삼는 것은 바람직하지 않다.

실질적인 측면에서도 '학교구성원인권조례'와 같은 방식은 부적절하다. 먼저, 학생, 교사, 교사 외의 교직원, 학부모 등은 학교 안에서의 위치도, 처해 있는 상황도 모두 다르다. 교사가 겪는 인권 문제와 학생이 겪는 인권 문제, 학부모가 겪는 인권 문제도 그 양상, 성격, 이유가 각각 다르다. 그럼에도 이를 하나의 제도 안에 담는 것은 구제·증진 시스템을 만드는 데 별로 효과적이지 않다. 또한 교직원의 권리 문제는 상당 부분 법률이나 교육 정책, 인사 정책 등에 관련되어 있어서 조례에서 유의미한 효과를 내고 변화를 만들기가 어렵다. 예컨대 교원의 정치적 권리 문제와 같이 대부분 법률을 개정해야 할 사안이거나, 노동조합과의 단체협약에 담는 것이 훨씬 적절하다. 조례로 보장해야 할 학부모의 인권이 무엇인지는 더욱 모호하다.

결국 학교구성원인권조례라는 방식은 학생인권의 의

미를 희석시키고자 다른 학교 구성원들을 동원해서 생색을 내는 것뿐 아닐까? 실제로 인천의 학교구성원인권조례의 예를 보면, 학생인권에 관한 내용이 타 지역의 학생인권조례에 비해서 빈약하게 들어가 있고, 구제 절차 등도 제대로 작동하지 않고 있다. 전북에서도 2023년, 「전라북도 교육인권조례」를 만들면서 학생인권조례의 구제 절차나 증진 체계를 이에 통합시킴으로써 학생인권 신장을 위해 배정된 자원과 인력을 삭감시키는 결과를 낳았다.

덧붙여서, 학생인권조례가 아니라 비학생 청소년을 포함하기 위해서, 혹은 학교 외 다른 영역에서의 인권도 보장하기 위해서 '청소년인권조례', '아동인권조례' 등으로 만들어야 한다는 주장도 있다. 청소년의 인권이 학생인권으로만 한정되지 않으며 더 폭넓게 생각되고 보장되어야 한다는 것은 당연히 옳은 이야기이다. 그러나 이것이 곧 학생인권조례가 불필요하다거나 차별적이라는 뜻은 아니다.

학생인권조례는 학교라는 공교육 기관 안에서 학생이라는 신분에 있는 다수 청소년들이 겪게 되는 인권 문제에 적용되는 제도이다. 학생인권 문제가 먼저 제기된 이유와 역사가 있고, 학교에서의 학생들의 인권에 집중하여 다룸으로써 생기는 구체성과 장점이 분명 있다. 일반 지방 자치와 교육 지방 자치가 분리되어 있는 한국의 지방 자치 체계상으로도 교육청과 학교들을 담당 기관으로 하여 의무를 부과하는 학생인권조례가 따로 존재하는 것이 적절하다. 노동자의 권리를 보장하는 「근로기준법」 등에 실업자의 권리는 담겨 있지 않다고 비판하지는 않지 않는가?

한국 사회에 아동/청소년인권조례나 아동/청소년인권법 같은 제도는 필요하다. 정부와 국회에서도 여러 차례 '아동인권법', '아동인권기본법' 등이 거론된 바 있고, 서울시에도 「서울특별시 어린이·청소년인권조례」가 존재한다. 이런 법률과 제도는 가정, 학교, 노동, 경제, 문화, 정치, 기타 각 분야를 넘나드는 포괄적인 내용으로, 충분한 연구와 논의 속에 만들어져야 할 것이다. 그리고 이는 학생인권조례와 충돌하거나 서로를 대체하지 않으며, 서로를 보완하고 강화시킬 것이다. 만일 아동/청소년의 인권 전반을 담은 기본법이 만들어져도 학교 안에서의 인권 문제를 다루기 위한 제도는 별도로 마련되어야 할 가능성이 크다. 학생인권도 보장해야 하고 나아가 어린이·청소년인권 전반도 신장시킬 방법을 논의해야 하는 것이지, "학생인권조례가 아닌 아동/청소년인권조례를 만들자"라고 말하는 것은 넌센스다.

학생인권조례에는 '학생'인권조례이기 때문에 가지는 의미와 힘이 있다. 한국의 학교에서 널리 일어나던 학생인권 침해 문제를 알리고 공론화하고 변화를 촉구해 온 학생인권운동의 역사와 맥락이 있다. '학생'을 지우고 '학교구성원', '교육공동체' 등을 앞세우려는 것은 겉보기에는 더 포괄적이고 더 확대된 것처럼 보이지만, 실제 학생인권의 내용과 정책을 축소시킬 뿐만 아니라 학생인권조례의 의미와 존재 이유를 지우려는 것이다.

## 의무와 책임에는 소홀하고 권리만 다룬다?

다음으로 학생인권조례에서 '인권'을 문

제 삼는 경우가 있다. '왜 학생의 인권만 있고 의무를 다루는 데는 소홀하냐'라든지, '인권만 강조해서 학습권이 후순위가 된다'와 같은 문제 제기이다. 이런 주장은 학생인권조례에 학생의 의무 및 책임 등의 내용을 더 자세히 담으려는 시도로 나타나기도 하고, 극단적으로는 학교 질서가 무너지고 학습권이 침해된다며 조례를 폐지하라는 요구로까지 이어진다.

학생인권조례에 대해서 '의무'를 꺼내 드는 것은 인권에 대한 해묵은 오해를 반영하고 있다. 의무를 먼저 다 해야만 인권을 요구할 수 있다거나 권리와 의무의 균형이 맞아야 한다는 오해이다. 인권은 사람이기만 하면 누구나 보장받아야 하는 권리이며, 인권을 보장받기 위해 먼저 수행해야 하는 의무는 없다. 민주주의 국가에서 구성원의 인권 보장은 국가의 존재 목적인 동시에 대전제이다. 즉, 인권이 가장 앞선다는 이야기다. 공동체가 구성원에게 부과하는 의무는 물론 있겠지만, 그건 인권과 별개의 문제이다. 인권과 의무를 저울질해야 하는 것도 아니며, 어떤 권리의 정당성과 의무의 정당성은 각각 따져 봐야 한다.

소수자나 약자의 인권을 보장하는 법·제도가 만들어지는 이유는 보통 그들의 인권이 잘 보장되지 않는 상황 때문이다. 사회가 잘못되어 그들이 마땅히 누려야 할 최소한의 권리를 보장받지 못하는 문제를 해소하고자 법을 만드는 것인데, 이를 마치 특혜를 받거나 이익을 얻는 것처럼 여겨서 대가를 치르라고 하는 것은 인권을 잘못 이해한 결과이다. '학생인권'이란 학생만 가지는 특별한 권리가 있다는 의미가 아니다. 인권은 모든 사람에게 있고 보장되어야 하는 것인데, 학생들이 놓여 있는 상황과 사회 구조 때문에 그 인권을 제대로 보장받지 못해 왔다. 그러므로 학생'도' 인권을 보장받을 수 있게 하자는 것이 학생인권을 이야기하는 의미이다.

　장애인 차별 문제 때문에 「장애인차별금지 및 권리구제 등에 관한 법률」(장애인차별금지법)을 만들었더니, 왜 장애인의 의무는 명시하지 않냐고 물으면 얼마나 우스꽝스러울까? 이런 식의 문제 제기는 안전한 식품을 제공하도록 「식품위생법」을 만들었더니 왜 식품의 위생만 지키려 하고 맛은 안 다루느냐, 왜 생산자만 위생을 신경 써야 하느냐며 불균형하다고 말하는 것과 별다를 바가 없는 수준이다. 〈세계 인권 선언〉이나 〈아동 권리 협약〉을 봐도 권리는 여럿 열거되어 있지만, 국가의 의무 말고 사람들의, 아동의 의무는 별로 적혀 있지 않다. 학생인권조례 역시 같은 성격의 법이기 때문에 학생의 인권을 구체화하고 보장하는 데 주력한다. 학생인권조례에도 학생의 의무 조항은 있지만, 보통은 '다른 사람의 인권을 존중하고 침해하지 않을 의무' 등 인권 보장에 필요한 내용이다.

또한 학생은 이미 많은 의무를 부과당하고 있다. 학교교육에 참여하는 것도 어느 정도 강제되고, 「교육기본법」 등에서도 학생에게는 교원의 교육·연구 활동이나 학교 질서를 해쳐선 안 될 의무가 있다고 되어 있다. 학교 규칙과 교사의 지시 등으로 이미 많은 규율과 과업 속에서 학교생활을 하며, 이를 어기면 불이익을 받곤 한다. 그렇게 의무를 부과하고 규칙을 적용하는 와중에도 지켜야 할 인권의 기준과 민주적인 절차를 제시하는 것이 학생인권조례 같은 법의 역할이다.

현재 시행 중인 학생인권조례에는 대부분 의무 조항

이 존재한다는 사실도 짚고 넘어갈 필요가 있다. 예컨대 서울 학생인권조례는 "학생은 인권을 학습하고 자신의 인권을 스스로 보호하며, 교사 및 다른 학생 등 다른 사람의 인권을 침해하여서는 아니 된다", "학생은 학교의 교육에 협력하고 학생의 참여 하에 정해진 학교 규범을 존중하여야 한다"라고 학생의 책무를 명시하고 있다. 공통적으로 타인의 인권을 침해하지 않을 의무와 교육활동에 참여 또는 협력할 의무, 학교 규칙 준수 의무가 담겨 있다. 제주 학생인권조례에는 이에 더하여 "공중도덕이나 사회윤리를 침해하여서는 아니 된다"라는 문구도 있다. 일부는 휴대전화 사용이나 두발 복장을 어떤 범위에서, 어떤 절차에 따라 학교 규칙으로 제한할 수 있다고 권리 제한을 명시한 내용도 있다.

## 학생인권조례는 학생의 '근로기준법'

학생이 준수해야 할 규칙이나, 참여해야 할 교육활동 등은 학교마다 다양할 수 있다. 따라서 학생인권조례는 그 취지에 걸맞게 학생인권 보장을 위한 가이드라인 역할을 하고, 학생이 존중하고 따라야 할 질서나 교육활동은 각 학교에서 정하도록 하며 조례에선 이에 대한 원칙적 의무를 담고 있는 것이다. 이는 「근로기준법」의 경우와 비슷하다. 「근로기준법」도 노동자의 권리와 노동 조건의 최저선을 제법 상세히 정하고 있는 데 비해 노동자의 의무를 거론한 부분은 별로 없다. '단체협약, 취업규칙, 근로계약을 성실하게 이행할 의무'(제5조)를 명시했을 뿐이다. 노동자의 업무 내용, 직업 윤리나 규율 등은 각 일터에서 근로계약, 취업규칙, 업무 지시 등으로 정해지는 것이 더 적절하고 이미 그렇게 이루어지고 있기 때문이다. 학생인권조례에 구체적이거나 세세한 의무 조항이 없다는 식의 비판은 학생인권조례의 목적이나 이와 같은 법과 규칙의 작동 방식을 잘 모르고 하는 소리다.

그동안 우리 사회에서는 학생들의 인권을 마음대로 제한하거나 침해하는 일이 비일비재했고 현재도 그러하다. 이에 비해 학교에서 학생들에게 자의적으로 의무를 부과하는 경우는 매우 많았다. 오랫동안 학생에게 의무만 강조하고 권리에는 인색하던 모습에 익숙해진 이들에게 학생인권조례와 같은 법은 낯설게 느껴질 수밖에 없다. 하지만 학생에게도 역시, 모든 사람과 마찬가지로, 다른 어떤 의무보다도 우선하는 인권이 보장되어야 한다는 것을 인정해야만 한다.

학생인권조례 중 '인권' 부분에 의문을 제기하는 또 다른 주장으로 인권 대신 '보호' 같은 개념을 넣어야 한다거나 '학습권'을 강조해야 한다는 것이 있다. 어리고 미성숙한 청소년에게는 인권보다 보호가 필요하다든지, 학업이 우선이라든지 하는 논리이다. 그러나 〈아동 권리 협약〉 등은 나이가 어리더라도 모든 주요 인권을 보장받아야 함을 천명하고 있고, 학교 규율도 인권에 부합해야 한다고 명시하고 있다. 보호나 교육을 내세워 자유와 평등 등 인간으로서의 권리를 뒤로 미루어 온 문제를 해결하는 것이야말로 학생인권조례의 존재 목적 중 하나다. 그렇기에 학생의 신체의 자유, 개성 실현의 자유, 사생활의 자유, 양심·사상의 자유, 표현의 자유, 참여권, 교육권, 차별받지 않을 권리 등을 포괄적으로 다룰 수 있는 '인권'의 개념이 중요하다.

학생은 학교에서 배우는 학습자이지만, 그렇다 해서 학생으로서의 배움과 공부가 인간으로서의 다른 권리를 압도하지는 않는다. 무엇보다 학습권은 인권의 일부이다. 학생인권조례는 인권 중에 교육권의 구체적 실현으로서 학습권을 다루고 있다. 나아가, 학생의 교육권은 입시 공부 또는 학교 교과서와 수업을 따라가는 좁은 의미의 공부에 한정되지 않는다. 「교육기본법」과 〈아동 권리 협약〉에 따르면, 교육의 목적은 본래 민주주의 사회의 일원으로서 살아가기 위해 필요한 자질을 기르고, 인권과 자유, 다양성에 대한 존중을 증진하는 것이다. 그러기 위해서는 인권 친화적인 환경에서 인권을 접하고 실천하면서 민주적인 사회 참여와 활동을 경험하는 것이 필수적이다. 인권이 보장되어야만 학습권도 제대로 실현될 수 있는 것이다.

## 학생인권조례라는 시대의 과제

그러므로 학생인권조례는 '학생' '인권'

조례여야만 했고, 그렇게 만들어지는 것이 바람직하다. 학생인권 문제를 공론화하고 운동을 해 온 맥락에서도, 기본적 자유와 인권을 쉽게 침해당하고 있는 학생들의 현실에서도, 학교와 교육과 사회를 변화시키기 위한 실효성 면에서도 학생인권조례는 필요하다. 학생인권조례는 한국의 역사와 교육·정치·사회 상황이 낳은 특수한 시대적 과제라고 할 수 있으며, 학교에도 민주주의가 실현되게 하고 인권이 교문을 넘게 하기 위한 중요한 수단으로서 작지 않은 상징성과 의미를 갖고 있다. 학생인권조례를 학생인권조례가 아닌 다른 것으로 대체하려는 시도들은, 결국 그 고유한 맥락과 필요성에 의해 나온 것이 아니라 학생인권조례의 의미와 힘을 퇴색시키거나 학생인권조례 제정 요구를 무마하려고 등장했다는 점에서 비판받아 마땅하다.

# 학생인권조례 때문에
# 교사가 힘든가?

—

진냥

이주호 교육부 장관은 2023년 8월, 학생인권조례 전면 개정을 추진 중인 경기도교육청 관계자들 앞에서 "학생인권조례는 학생인권만을 지나치게 강조하면서 교사의 정당한 교육활동과 생활지도를 위축시켰다"라고 말했다.[*] 그 근거로 "2023년 7월 한국교총 설문조사에서 '학생인권조례가 교권 추락에 영향을 미쳤다'는

---

[*] "이주호 "학생인권조례로 교권 추락… 교육청과 개정 노력"", 〈KBS〉, 2023년 8월 4일.

데 응답자의 84.1%가 동의했다"라고 설명했다. 학생인권조례를 반대할 때 매우 자주 등장하는 논리이다. 하지만 실제 통계는 이를 뒷받침하지 않았다.

### 학생인권조례 때문에 교권 침해?… 통계는 '관계 없음'

이주호 교육부 장관이 지난 21일 한국교원단체총연합회(한국교총)를 방문해 한 말이다. 서울 S초등학교 교사가 학부모 민원에 시달리다 극단 선택을 한 사건이 발생하자 긴급 간담회를 연 자리에서다. 이 장관 말대로 학생인권조례가 교권 침해의 주범일까? (……) 이 장관 말이 맞으려면 학생인권조례가 있는 6개 시도의 교권 침해 사례가 그렇지 않은 시도에 견줘 늘어나는 추세여야 한다. 하지만 통계수치는 그렇지 않은 것으로 나타났다. 해당 조사 기간 학생인권조례가 존재하던 곳은 경기, 광주, 서울, 전북 등 4곳이다. 이 4곳 가운데 2016년과 2019년 4년 사이 추이를 살펴보니 서울 (585→442), 광주(92→73), 전북(88→86) 등 3곳은 오히려 교권 침해가 줄어들었다.

〈오마이뉴스〉, 2023년 7월 22일

물론, 교사들이 경험한 모든 사안을 '교육권 침해'로 신고하지는 않았을 것이기에 이 통계치가 현실을 그대로 반영하고 있다고 보기 어려운 점은 있다. 또한 교권 침해로 인정받는 것은 교사가 직장인 학교에서 자신의 노동, 즉 교육활동과 관련해 인권적 침해를 경험했을 때로 한정된다. 「교원의 지위 향상 및 교육활동 보호를 위한 특별법」에 따르면 '교육활동 침해 행위'는 학생 또는 보호자가 교사에게 상해, 폭행, 협박, 성폭력 등 주로 형사상 범죄 행위를 한 경우로 규정되어 있다. 하지만 학생인권조례가 있는 지역 4곳 중 3곳은 교권 침해 사례가 오히려 줄어들었다는 통계는 분명한 시사점을 가진다. 즉, 학생인권조례가 시행되고 있는 지역에서 교사에게 학생과 보호자가 심각한 폭력을 행사하는 경우가 더 적거나 적어지고 있어 교사가 더 안전하게 근무할 수 있다는 의미인 것이다. 그런데 왜 일부 교사들은, 그리고 이주호 교육부 장관은 학생인권조례 때문에 교권이 추락했다고 말하는 것인가? 장관이 언급한 '정당한 교육활동과 생활지도의 위축'은 어떤 의미인가? 정말 학생인권조례 때문일까?

## 즉각적인 징계권의
## 의미


**"권리만 있고 의무는 없다"····· '학생인권조례' 폐지되나**

조례안의 가장 큰 문제는 교사의 '즉각적인' 징계권, 생활지
도권을 박탈했다는 것으로 꼽힌다. 교실에서 학생이 대놓고
잠을 자거나 큰소리를 내 수업 방해를 하거나 폭력 행사를
해도 교사는 그 자리에서 바로 벌을 줄 수 없다. 학생인권 보
호 차원에서다. 6곳의 조례안 모두 같은 내용으로 '학생의 징
계 절차에서의 권리'를 명시하고 있는데, "학생에 대한 징계
는 징계 사유에 대한 사전 통지, 공정한 심의기구의 구성, 소
명 기회의 보장, 대리인 선임권 보장, 재심 요청권의 보장 등
인권 기준에 부합하는 정당한 규정과 적법 절차에 따라 이
뤄져야 한다"고 되어 있다. 사실상 문제 학생을 말로 타이르
고 설득하는 것 외에는 방법이 없는 셈이다. 이 때문에 자는
학생을 흔들어 깨운 교사를 아동학대 및 성추행으로 신고한
사례도 교총에 접수된 바 있다.

《주간조선》, 2753(2023년 4월 12일)

학생에 대해 개별 교사가 즉각적으로 판단하여 징계할 수 있어야 한다는 생각은 교사들에게 매우 지배적이다. 이러한 인식 때문일까? 한국교원단체총연합회(교총)은 2024년부터 아동학대로 신고당한 회원에게 위로금 100만 원을 지급한다고 홍보하고 있다. 어느 직업 집단이 형사 범죄로 신고당하면 위로금을 주겠다고 당당하게 공표할 수 있을까. 아마 전례가 없는 일일 것이다. 이미 각 시도교육청은 안전공제회와 협업하여 교사가 아동학대 신고를 당해 재판을 할 경우 3심까지 총 1000만 원 이상 소송 비용을 지원하고 있다(유죄 판정을 받으면 지원 안 함). 시도교육청의 정책은 교사의 방어권 보장을 위해서라는 명분이라도 있지만, 유·무죄에 상관없이 신고당함에 대한 "위로금"은 대체 어떻게 이해해야 할까? 이러한 생각은 교총이 보수적인 단체라서일까? 다른 교사 집단들도 살펴보자면, 2024년 3월 강민정 국회의원이 대표 발의한 학생인권법안을 두고 교사들의 커뮤니티에는 이런 글이 올라왔다.

**교사를 위한 학생인권특별법안 간단 요약**

▲ 건강과 안전에 관한 권리 = 안전 사고 내면 교사 처벌(이미 당연)

▲ 적합한 교육을 받을 권리 = 문제 아동/특수 아동 타임아웃시키면 위법

▲ 사생활의 비밀과 자유 및 정보의 권리 = 학생 단톡방 개설 제한시키면 위법

▲ 양심·종교의 자유 및 표현의 자유 = 반성문 쓰게 시키면 위법

▲ 자치 및 참여의 권리 보장 = 교사가 현실성 없는 학생 당선인 공약에 대해 삭제 압박 넣으면 위법

악의적인 왜곡이자 학생인권을 반대하는 집단의 인식이 선명하게 드러나는 선동적인 글이다. 대표적으로 안전 사고를 내면 교사를 처벌한다는 내용은 학생인권 법안에 없다. 학습 활동에서 건강과 안전을 보장받아야 한다는 내용이 포함되어 있을 뿐이다. 오히려 안전 사고가 나서 교사가 처벌받는 것은 「도로교통법」, 「학교안전사고 예방 및 보상에 관한 법률」(학교안전법)에

주로 관련된다. 위의 글에서 "이미 당연"이라고 되어 있는 것처럼 오래전부터 시행 중인 다른 기존 법령에서 규정되어 있다.

한편, 전북 교사노동조합(교사노조)에서는 2024년 5월 발표한 '학생인권조례 및 학생인권보장특별법 관련 입장'에서 "'교육은 인간 행동의 계획적 변화'라 '교육' 그 자체에 인권 침해적 요소가 있어서" 법안에 반대한다고 밝혔다. 교총과 교사 커뮤니티, 전북 교사노조의 입장에서 보이는 공통적인 요소는 학생을 지도하려면 인권 침해를 할 수밖에 없다(신고를 당할 수밖에 없다), 법안에서 제한하고 있는 인권 침해적 행위를 하지 않고서는 학생을 지도할 수 없다는 호소들이다. 그런데 이는 다른 말로 표현하면 지금의 학교교육이 인권 침해적 요소가 가득하다는 의미이기도 하다. 인권 침해가 전제될 수밖에 없는 노동과 교육이라는 것은 국가와 교육 당국이 학생과 교사의 인권 모두를 보장하지 않고 있다는 의미다.

갈수록 우리가 고려해야 하는 가치는 많아지고 사회는 복잡해지고 있다. 더구나 교사의 교육 행위는 사람의 변화나 성장에 기여하기 위해 삶과 경험 그리고 다른 사람들과의 역동을 설계하고 구성해 내는 복합적인 노동이다. 또한 다른 직렬의 노동과 달리 다수의 사람들과 동시에 상호작용하는 다중 노동이다. 수없이 많은 것들을 고려해야 하며 예측 불가능한 변수역시 많을 수밖에 없다. 한국의 학교교육 체제는 교육활동 전 과정을 개별 교사가 계획하고 추진하고 집행하고 평가하는 1인 체제다. 쉬운 일이어도 혼자서 결정하고 책임지는 것은 쉽지 않다. 하물며 복합적이고 다중 관계가 지속적으로 펼쳐지는 노동에서는 말해 무엇할까. 무엇보다도 1인 노동 체제는 짊어져야 하는 리스크가 너무 많다. 그래서 대부분의 직업에는 함께 협력하여 노동하는 체제가 발전되어 왔다.

근대와 현대 사회 직업들의 변화상을 생각해 보라. 대부분의 직업은 처음에는 한 사람이 모든 과정을 담당하는 형태의 노동에서 탄생했다. 하지만 한 사람이 전과정을 맡는 것은 비효율적일 뿐만 아니라 비체계적이라, 결과의 질이 동일하게 보장되지 않거나 특정 장인만의 노하우가 다른 사람에게 계승되기 어렵다는 문제가 있다. 또한 대부분의 경우 질을 높이기 위해 사람을 갈아 넣는 방식을 취했다. 노동자 역시 개별로 일하기 때문에 함께 단합하여 노동 조건을 개선하기 어려웠다. 그래서 일의 과정을 표준화하고 분업화하는 시도들이 이루어졌다. 더불어 서로 다른 노동을 하는 사람들끼리 조화롭게 일할 수 있는 규범과 규칙, 문화 역시 긴 시간 동안 발전해 왔다. 의사도 처음에는 혼자 의료 행위를 했지만 지금은 어떤 의사도 혼자 일할 수 없다. 간호 인력을 비롯해 병원 직원들의 협업 속에서 같은 공간에서 일하고, 의사 양성 과정에서는 비정형적이지만 간호사를 대하고 함께 일하는 방법에 대한 교육도 이루어진다. 변호사의 일도 마찬가지다. 사무장을 비롯하여 여럿과 협업하여 의뢰인을 조력하는 팀플레이다.

하지만 학교는 기본적으로 '팀 플레이'를 상정하지 않는 문화와 제도를 가지고 있다. 학교 제도의 도입에서부터 그랬다. 한국의 의무교육 제도는 학생, 교사만 있으면 학교를 운영할 수 있다는 패기 있으면서도 무모한 전제를 바탕으로 시작되었다. 한국전쟁 당시 교육과정이 없어도 미군에서 사용하는 교과서로, 천막 교실에서 수

업했고 이때에도 의무교육(국민학교) 이수율은 90%가 넘었다. 전쟁이 끝나고도 한참 동안 학교 구조는 변하지 않았다. 교육행정직 도입 전까지 학교의 행정 업무는 모두 교사가 해야 했기에 교사들에게 급여를 지급하는 업무도 교사가 담당했었다. 이후로 조금씩 학교 제도가 바뀌었고 학교의 다양한 역할을 분담하는 여러 직종들이 생겨났지만 교사, 교육행정직, 교육공무직, 관리자 모두 각자 자신들만의 공간에서 따로따로 일하는 문화가 자리 잡았다. 동시에 여전히 교사 1인이 교실을 전적으로 책임져야 한다는 사회적 인식이 강해 법·제도나 정책에서도 학교 전체의 교육력 제고보다는 교사 1인의 책무성 강화가 기본값이다. 2023년 '교권'이 전 사회적 이슈로 떠올랐을 때, "문제는 '독박 교실'"이라는 주장이 터져 나온 이유가 여기에 있다.

2012년 학교폭력으로 대구의 중학생이 죽음에 이르는 사건이 벌어졌을 때, 복수담임제가 도입되었다. 코로나19 유행 당시에는 기초학력 격차 우려로 1교실 2교사 제도가 추진되었다. 하지만 이 제도들이 유의미하게 작동되거나 확대되고 있지는 않다. 교사 1인 독박 체제가 해결할 수 없는 상황이 많다는 것을 수년간 여러 차례 확인했으면서도, 학교에서는 공동체가 협력해서 함께 결정하고 함께 추진하는 방식보다는 특정 개인에게 각각의 업무를 독박으로 맡기는 방식만이 기능하고 있는 것이다. 교육부가 2023년 내놓은 「교원의 학생생활지도에 관한 고시」와 관련해서도 교사들이 가장 많이 요구했던 것은 분리 조치 담당자가 교장, 교감이 되는 것이었다. 악성 민원에 대한 교사들의 요구 역시 교감, 교장의 공동 대처나 교육청의 개입이었다.

혼자 해결할 수 없는 문제를 혼자 책임져야 하는 독박 교실에서 이루어지는 교육은 인권 침해적일 수밖에 없다. 다중 복합적인 노동 환경에서, 이를테면 20명의 학생들과 교육활동을 진행하는 중에 1명의 학생과 갈등이 생겼을 때 교사가 취할 수 있는 선택지는 많지 않다. 수업 진행을 멈추거나 어떤 방법으로든 그 1명과의 갈등 상황을 즉각적으로(혹은 강제적으로) 종료하거나. 학생을 통제적으로 대하는 교사이든 인권적 실천을 고민하는 교사이든 이 갈림길은 크게 다르지 않다. 교사 집단이 즉각적 징계권을 이야기하는 이유는 바로 여기에 있다.

하지만 즉각적 징계권은 답이 될 수 없다. 즉각적 징계권을 행사했을 때의 부담 역시 교사에게 있기 때문이다. 아동학대로 신고당하기 두렵다는 교사들의 호소가 대표적이다. 그렇다면 즉각적 징계권을 행사하되 그 부담을 교사에게 지우지 말아야 하는 걸까? 일부에서 요구되고 있는 '아동학대 면책권'이 이러한 아이디어다. 하지만 교사도 인간인 이상 잘못 판단하거나 지나치게 대응할 수 있고, 즉각적인 판단과 조치에서는 더욱 그럴 수 있다. 그리고 적절하지 않은 혹은 예상하지 못한 부작용을 대비하기도 어렵다. 그럼에도 면책권이 주어지면 이 부담은 고스란히 학생에게 전가된다. 이런 '제로섬 게임'의 틀에서 벗어나야 한다. 학생과 교사의 일대일 대응 축을 해체하고 학교 내 문제 상황에 공동 대응하는 협업 체계를 구축하여 부담을 나누어 질 수 있어야 한다. 즉각적 징계권은 교사도 학생에게도 어느 누구에게도 안전하지 않다.

## 교사를
## 힘들게 하는 것

이 글의 제목으로 돌아가 보자. 학생인권
조례 때문에 교사가 힘들까? 그렇다. 당연히 힘들다. 변
화란 힘든 것이고 그것이 더 나은 방향으로 가는 변화
일 때 그 과정은 복잡하고 어렵고 고통이 수반되는 경
우가 많기 때문이다. 더 많은 것을 고려하고, 하던 대로
가 아닌 새로운 것을 모색하고 도전하는 것은 어렵고
힘들 수밖에 없다.

일례로, 장애와 관련된 표현들은 길어지고 신중해
지는 방향으로 변해 왔다. 효율성을 원하는 비장애인
들 입장에서는 '부적절'한 표현들이 훨씬 편리하게 느
껴질 수 있지만 '불편함'을 감수하는 방향으로의 진전
은 국내외에서 공통적으로 발견할 수 있다. 2023년 미
국 캘리포니아주 법원은 "장애인을 언급할 때는 존엄
과 존중을 표하는 표현을 쓰라"고 하면서 구체적 어휘
들을 제안했는데, 그중 하나로 장애인을 칭할 때 'the
disabled' 또는 'the handicapped'가 아닌 'people
with disablities', 'the disability community'와 같이

표현하라고 권고했다. 장애 역시 사람이 가진 특성 중 하나이기에 한 사람의 특성을 장애로만 귀결시키지 않아야 한다는 문제의식을 바탕으로 한, '장애인'보다 '장애를 가진 사람'으로 표현하라는 권고다. 이런 것들을 하나하나 신경 쓰는 게 소모적이거나 비효율적으로 느껴질 수 있지만 그 불편함을 감내하기를 캘리포니아주 법원은 선택한 것이다.

더구나 교사는 직업인이다. 직업적 책무를 가지고 있는 바, 변화에 대한 요구는 그냥 요구로 그치지 않고 평가나 검증의 대상이 된다. 내용도 자발적으로 완전히 조절할 수 없고 속도도 스스로 결정할 수 없다. 코로나19 대유행 시절에 학교 체제가 갑자기 변화해야 했을 때 모두가 고통스러워했던 것처럼 상황에 맞는 속도로 적응하고 변화하기를 요구받는다. 교사 양성 과정에서 배운 대로 교직 생활이 이루어지지 않고, 변화하는 가치관 속에서 스스로의 판단을 부정당하기도 하고 심판받기도 한다. 그러나 그것은 학생인권조례 때문이 아니다. 교사들은 7차 교육과정이 도입될 때도, NEIS가 처음 도입될 때도 힘들어했다. 힘이 드는 것에 대해 다른 지원이 없는 것이 문제이며, 필요한 지원을 교육 당국에 요구해야 한다. 캘리포니아주 법원이 표현들을 정리해서 제시한 것과 같은 구체적인 지원 없이 변화를 요구하고 압박하기만 하는 정부는 마땅히 비판받아야 한다.

무엇보다 이 질문이 함께 이루어져야 한다. 학생인권조례가 없다면 정말 교사에게 좋을까? 2024년 스승의 날을 앞두고 41개 교사단체들이 '스승의날 맞이, 학생인권조례 폐지를 반대하는 교사단체 긴급 기자회견'을 열었다. 다음은 그 기자회견에서 발언된 내용들 중 일부다.

저는 10대에 학생인권조례가 제정된 후의 학교의 변화를 경험한 이후 교사가 된 지금, 조례의 폐지를 현실로 마주하고 있습니다. (……) 조례 제정 이후 기존에 당연하게 여겨 왔던 폭력에 대한 질문은 학교를 생각하면 조여 왔던 숨통을 트이게 했습니다. 권리가 있는 존재로서 스스로를 인식하는 것은 동시에 학교라는 공간이 모두에게 어떤 공동체가 되어야 하는지를 질문하게 했기 때문입니다. 저의 권리를 인지하는 것은 곧 다른 이들의 권리를 생각하는 바탕이 되었습니다.

그렇게 교사가 된 저에게, 10년이 지난 후에도 서울 학생인 권조례가 유효한 현장은 중요합니다. 학생들의 의복이나 두 발이 자유로워야 하는 것처럼, 저 또한 생김새, 의복, 머리 색에 따라 평가받지 않고 일할 수 있었습니다. 교사와 학생의 관계에서 다른 여느 관계처럼 실패하기도 했지만, 누군가의 권리를 짓밟고 나의 권리를 존중받는 것은 불가능하다는 것을 배웠습니다. 학교라는 공간은 여러 권력관계가 촘촘하게 교차하는 공간이기에, 서로의 권리를 인식하는 것이 교차하는 여러 권력관계를 하나하나 들여다보는 출발점이 된다는 것을 배웠습니다.(이하영, 서울 교사)

학생인권센터 및 학생인권옹호관의 적극적 지원을 통해 학생들의 인권 침해를 공식적으로 조사하고 학교 측에 시정을 요구할 수 있다면, 그와 직접 상호의존하고 있는 교사들의 노동권과 생명권 또한 보장받기 쉬워지는 것은 분명합니다.(성보란, 경기 교사)

학생들의 권리를 침해하는 일이 정당화되면 교사의 권리를 침해하는 일도 정당화됩니다. 실제 저는 〈세계 인권 선언〉

과 학생인권조례를 너무 많이 가르친다는 이유로 민원을 받았고 부담을 느낀 저는 실제 교육활동 침해를 받고 있지만 교육청은 저의 자율성을 지켜 주지 않습니다. 저의 평범하지 않은 복장과 외모를 이유로 민원을 받았고 제 개성을 존중받지 못했지만 교육청은 저를 지켜 주지 않았습니다.

누군가의 인권을 무시하는 일은 나의 인권도 무시할 수 있다는 뜻입니다. 누군가의 인권을 존중하는 것은 나의 인권도 존중받을 수 있다는 뜻입니다. 저는 학교에서 함께 생활하는 저의 동료 학생분들과 함께 존중받고 싶습니다.(고영주, 전북 교사)


학생인권조례가 없다고 해서 교사의 인권이 지켜지고 있지 않습니다. 왜냐하면 교권, 그러니까 교사의 노동권을 침해하는 것은 학생인권이 아니라 '과도한 학생인권' 운운하는 바로 당신들이기 때문입니다. 보다 특수한 지원이 필요한 학생들을 방치하는 교육청, 마음대로 일을 만들어 놓고 평교사들한테 온갖 실무를 떠넘기는 교감, 기존 출근 시간보다 일찍 와서 맨발 걷기 하라고 하는 교장, 학급당 학생 수는 안 줄이면서 출생률 운운하며 교사 수는 자꾸 줄여서 독박

교실 만드는 정부와 교육부, 이들이 교사들의 교권을 침해하고 있습니다.(현유림, 대구 교사)

학생인권조례는 학교라는 곳은 인권 친화적인 공동체가 되어야 한다는 일종의 선언이자 좌표였다. 학교 전체를 바꾸어 내기보다 때로는 학생과 교사 사이의 갈등에서 수단화되기도 하고 구체적 제도의 뒷받침이 없어 무력화되기도 했지만, 그럼에도 학생인권조례는 학교에서 인권이 침해되는 일이 일어나서는 안 된다는 원칙의 확인이다. 그 원칙이 폐지되었을 때, 다른 누구의 인권이 계속 옹호받을 수 있을까?

그런 맥락에서 학생인권조례를 지지하는 교사들의 목소리는 중요하다. 학생인권조례가 폐지된다면, 학교 전반의 인권 수준 퇴행을 가져올 것이고 그것은 학생뿐만 아니라 학교 구성원 모두에게 적용되는 퇴행일 것이다. 학생과 교사를 대척점에 두는 제로섬 게임에서 벗어나 인권 옹호의 원칙을 세워야 한다. 그래서 이제는 정말 학교가 통제와 억압, 구시대의 상징이라는 이미지를 벗어날 수 있는 새로운 시대를 만들어야 할 것이다.

# 학생인권조례가
# 동성애와 임신을 조장한다?

공헌

**"학생인권조례, 학생들의 동성애와 임신 조장"**

바른교육교사연대·참교육어머니전국모임·동성애입법반대
국민연합·나라사랑학부모회 등 교사와 학부모들로 구성된
30여 개 시민단체 회원들은 15일 서울 중구 서울시의회 의
원회관 앞에서 동성애를 조장하는 학생인권조례안 폐지를
촉구하는 성명서를 발표한 후 2만 5천 장의 탄원서를 교육
위원회(김상현 위원장)에 제출했다. (……)

시민단체 대표로 성명서를 발표한 동성애입법반대국민연
합 정성희 본부장은 "초등학생들을 동성애자 만들고 임신

출산 조장하는 학생인권조례안은 즉각 폐지하라"고 성토한
후, "학생인권조례안에 찬성하는 일부 민주당 및 전교조 의
원들은 임신한 여자 초등생과 아빠가 된 남자 중학생을 받
아들일 준비가 됐는가"라고 반문했다.

〈크리스천투데이〉, 2011년 12월 16일


학생인권조례에 반대하는 주장 중 하나는 "학생인
권조례가 동성애와 성 전환, 임신을 조장한다"라는 것
이다. 여러 형태로 변주, 확장되는 이런 유의 주장들은,
대표적으로 '학생인권조례의 '차별받지 않을 권리' 조
항 탓에 동성애자, 트랜스젠더, 임신·출산한 학생에게
조치를 취하지 못하니 결국 이런 것들을 조장하는 것
과 다름없다', '학생인권조례는 학교에서 동성애와 성소
수자가 정상이라는 성교육을 하도록 의무화한다', '학
생인권조례가 청소년에게 성행위/성관계를 권리로 보
장하여 성적 문란함을 조장한다' 등의 내용으로 정리
할 수 있다. 이런 주장들의 문제점은, 학생인권조례의
조문을 왜곡·과장해서 해석하고 있거나, 사실과 다르
거나, 반인권적이고 바람직하지 못한 가치관에 근거하

고 있다는 것이다.

## 차별받지 않을 권리는
## 당연한 인권

현행 학생인권조례들의 '차별받지 않을 권리' 조항들은 다음과 같다.

| | |
|---|---|
| **경기** | 제5조(차별받지 않을 권리) ① 학생은 성별, 종교, 나이, 사회적 신분, 출신지역, 출신국가, 출신민족, 언어, 장애, 용모 등 신체조건, 임신 또는 출산, 가족형태 또는 가족상황, 인종, 피부색, 사상 또는 정치적 의견, 성적 지향, 병력, 징계, 성적 등을 이유로 정당한 사유 없이 차별받지 않을 권리를 가진다. |
| **광주** | 제20조(차별 받지 않을 권리) ① 학생은 성별, 종교, 민족, 언어, 나이, 성적지향, 신체조건, 경제적 여건, 성적 등을 이유로 차별받지 않고 평등한 대우와 배움을 누릴 권리를 가진다. |
| **서울** | 제5조(차별받지 않을 권리) ① 학생은 성별, 종교, 나이, 사회적 신분, 출신지역, 출신국가, 출신민족, 언어, 장애, 용모 등 신체조건, 임신 또는 출산, 가족형태 또는 가족상황, 인종, 경제적 지위, 피부색, 사상 또는 정치적 의견, 성적 지향, 성별 정체성, 병력, 징계, 성적 등을 이유로 차별받지 않을 권리를 가진다. |
| **전북** | 제8조(차별을 받지 않을 권리) ① 학생은 국가인권위원회법 제2조 제3호*의 차별행위의 정의에 해당하는 이유로 차별을 받지 아니한다. |

| | |
|---|---|
| 충남 | 제15조(차별받지 않을 권리) ② 학생은 합리적인 이유 없이 학년, 나이, 성별, 성별 정체성, 성적 지향, 종교, 사회적 신분, 출신지역, 출신학교, 출신국가, 출신민족, 언어, 장애, 용모 등 신체조건, 임신 또는 출산, 가족의 소득수준, 가족의 형태 또는 상황, 인종, 경제적 지위, 피부색, 사상 또는 정치적 의견, 질병 이력, 실효된 징계, 교육과정 선호도 또는 학업성적 등을 이유로 차별받지 않는다. |
| 제주 | 제8조(차별을 받지 않을 권리) ① 학생은 정당한 사유없이 성별, 종교, 나이, 출신지역, 장애, 용모나 신체조건, 징계, 학업 성적을 이유로 차별받지 않을 권리를 가진다. |

    문구를 읽어 보면 알겠지만, 이 조항은 사회적으로 차별받거나 불리할 수 있는 소수자성을 가진, 어려운 조건에 놓인 학생들이 부당한 차별을 받지 않아야 한다는 의미이다. 「헌법」이나 〈세계 인권 선언〉 등 국제 인권법에 담긴 평등 및 반(反)차별의 정신과 그리 다르지 않은 상식적인 내용이다.

    사실 학생인권조례의 이 조항으로 인해서 성소수자 청소년이 늘었다거나 청소년 임신·출산이 증가했다고

---

\* "성별, 종교, 장애, 나이, 사회적 신분, 출신 지역(출생지, 등록기준지, 성년이 되기 전의 주된 거주지 등을 말한다), 출신 국가, 출신 민족, 용모 등 신체 조건, 기혼·미혼·별거·이혼·사별·재혼·사실혼 등 혼인 여부, 임신 또는 출산, 가족 형태 또는 가족 상황, 인종, 피부색, 사상 또는 정치적 의견, 형의 효력이 실효된 전과(前科), 성적(性的) 지향, 학력, 병력(病歷) 등".

볼 수도 없다. 통계상 2009년 2,915명이던 10대 출산은 2020년에는 918명으로 줄어들었다. 10대 인구가 감소하긴 했지만 인구가 줄어든 폭보다도 출산 수는 더 크게 감소했다. 이러한 간단한 통계만 살펴봐도, '학생인권조례 때문에 임신·출산이 조장된다'와 같은 주장은 실제 근거 없이 특정 집단의 편견에서 나온 괴담에 불과하다.*

다시 학생인권조례의 내용을 따져 보자. 우선 무언가를 이유로 차별받지 않을 권리가 있다고 선언하는 법 조항이 그 무언가를 장려하거나 권유하는 의미는 아니다. 가령 서울·충남의 학생인권조례에 명시된 사유 중에는 "병력(질병 이력)", "학업 성적"도 있다. 그 의미는 병에 걸린 적이 있다는 이유로, 시험 성적이 높고 낮음에 따라서 차별을 받아선 안 된다는 것이다. 이것

---

* 물론 청소년 임신·출산은 학교에서의 차별 여부나 성교육 등 말고도 문화적 요소나 경제적 상황, 피임, 임신 중단의 권리 등이 복합적으로 작용하기에 그 증감의 원인을 섣불리 단정할 수는 없다. 다만 금욕적 성교육보다 포괄적·구체적·종합적인 성교육이 오히려 청소년의 임신·출산 감소에 도움이 된다는 여러 연구 결과가 있다는 점은 짚어 두겠다.(〈'나다움 어린이책 논란' 방황하는 한국의 성교육〉, 《시사IN》, 678(2020년 9월 17일).)

이 학생들에게 병에 걸리라거나 공부를 못하라고 권하는 것이라고 생각하는 사람은 없을 것이다.

물론 그렇다고 해서 차별 사유 조문에 관해 '이건 차별하지 말라는 것일 뿐, 성소수자 등에 대해 아무 가치 판단도 담고 있지 않다'라고 변명한다면 부적절할 터이다. 그건 굳이 '차별받지 않을 권리' 조항의 의미와 담겨 있는 가치를 축소시키는 것이기 때문이다. 성소수자나 임신·출산 등에 관하여서, 이 조항은 학생이 성소수자인 점, 임신·출산을 했다는 사실이 처벌을 당하거나 손가락질받거나 괴롭힘을 당하거나 학교교육에서 배제당하는 이유가 되어선 안 된다는 가치 판단을 담고 있다. 학교에 성소수자인 학생, 임신·출산을 한 학생이 존재할 수 있다는 사실에 대한 인정을 담고 있다. 성소수자 학생, 임신·출산한 학생 등이 차별받을 수 있는 취약한 존재이기에 특별히 명시하여 차별받지 않도록 해야 한다는 문제의식도 담겨 있다.

'차별받지 않을 권리' 조항이 문제라고 말하는 주장을 가만히 뜯어 보면 결국 이런 말이나 다름없다. '성소수자는 비정상이고 유해한 것이니, 학생이 성소수자라면 처벌해서라도 교정해야 한다.' '미성년자이자 학생이 성관계를 해서 아이를 낳는다는 건 죄악이니, 징계하거나 학교에서 쫓아내야 한다.' 이는 학생이 임신·출산을 하는 일에는 어려움이 많고 계획하지 않은 임신·출산이라면 피하는 게 좋다고 생각하는 것과는 완전히 다른 차원의 판단이다. 성소수자인 학생, 임신·출산을 한 학생을 도덕적으로 잘못되었다고 규정하며, 사회적·제도적으로 불이익을 줘 마땅하다는 이야기이기 때문이다. 학생이 임신·출산을 하는 것에 대해 '힘들고 곤란한 부분이 많을 것이다, 그러니 되도록 그러지 않는 게 좋다'고 생각하는 것과, '행실이 잘못됐다, 부도덕하다, 쫓아내야 한다'고 생각하는 것 사이에는 크나큰 차이가 있다. 이 둘을 혼동해선 안 된다. 준비가 부족한 상태에서의 임신·출산은 자신에게 힘든 경험일 수 있고 안타까운 일일 수는 있으나, 처벌이나 차별을 받아야 할 일일 수는 없다.

차별받지 않을 권리 조항을 두고 '학생들에게 동성애나 임신을 조장한다'라며 공격하는 것은, 성소수자에 대해 잘 모르거나 낯설어해서 가지는 거부감 그리고 청소년 임신·출산에 대해 우려하는 마음을 이용하여 곧바로 '성소수자나 임신·출산은 잘못된 것'이라고 건강부회하는 부당한 화법이다.

누군가의 성적 지향 및 성별 정체성 그리고 임신·출산은 도덕적 단죄와 사회적 처벌의 대상이 아니며, 부당한 차별의 이유여서도 안 된다. 오히려 학교와 사회는 성소수자 학생, 임신·출산한 학생 등 어려운 여건에 놓인, 편견과 차별에 고통받기 쉬운 학생들을 지원하고 도와야 한다. 학생들의 차별받지 않을 권리는 보편적 인권의 원리에서 도출되는 당위적인 이야기다.

## 학생들 중에도
## 다양한 소수자가 있다는 사실

학생인권조례에서 차별받지 않을 권리 조항이 필요한 가장 큰 이유는 학생들 중에도 다양한 사유에 따른 사회적 소수자들이 있기 때문이다. 반대로 말해, 어떤 사람들이 차별받지 않을 권리 조항을 그토록 못 받아들이는 이유는 결국 학생들의 인격과 다양성을 존중하지 않기 때문이다. 학생들을 폭력이나 차별을 동원해서라도 자신들이 원하는 틀에 끼워 맞추고 싶어 하는 것이다.

학생들은 보호자나 교사의 욕심 및 희망 사항과는 별개로 다양한 삶을 살 수 있다. 보호자와는 다른 종교나 정치적 사상을 가질 수도 있고, 어떤 사람들의 편협한 고정 관념과는 달리 성소수자일 수도 있다. 교사의 지도에도 불구하고 공부를 못할 수도 있고, 비청소년들이 보기엔 이상한 머리 모양이나 옷차림을 할 수도 있다. 학교에서는 학생들의 그런 여러 가능성을 긍정해야 하며 이를 이유로 부당한 대우를 하지 말아야 한다. 학교에서 어떤 것이 더 바람직하고 좋은 삶인지에 대해 교육하는 일은, 보편적 인권에 기반하여 공적으로 논의된 기준에 따라, 교육적이고 인권 친화적이고 세심한 방법으로 이뤄져야 한다.

학생인권조례가 성소수자나 임신·출산 등을 조장해서 문제라고 주장하는 사람들은 성소수자 학생이나 임신·출산한 학생은 당연히 '비정상'이고 '비도덕적'이라고 믿는 듯싶다. 그러나 이는 매우 주관적인 가치관일

뿐이다. 다양성과 인권을 존중하는 민주주의 사회에선 어떤 사람이 동성애자나 트랜스젠더라는 것이 '잘못'이라는 공적인 합의가 있을 수 없다. 주관적이고 차별적인 가치관을 학생들에게 강요하고 싶어 하고, 그러기 위해 인권을 침해하는 수단까지도 용인해 달라는 것이 '학생들의 차별받지 않을 권리에 반대한다'는 주장의 본질이다. 반대로 학생인권조례의 요청은 학생들의 다양성을 현실로 인정하고 존중하라는 것이다. 어느 쪽이 더 우리가 지향해야 할 방향인지는 너무 명백하지 않은가.

# 학생인권조례에서 가장 쟁점이 되는 것은
# 차별 관련 조항인가?

—

공현

 

학생인권조례에 반대하는 단체들에서는 종종 학생인권조례를 가리켜 '학교(교육계)의 차별금지법'이라는 표현을 쓰곤 한다. 이런 단체들은 계속해서 '차별받지 않을 권리' 조항, 특히 그 속에서도 성소수자, 임신·출산한 학생이 차별받지 않을 권리를 명시한 부분을 공격해 왔다. 그 탓인지 학생인권조례에서 가장 핵심 조항이 '차별받지 않을 권리' 조항인 줄 아는 사람들이 많다. 언론에서도 학생인권조례 제정 찬반 논란을 보도할 때면 '성소수자 차별 금지 내용이 담긴 학생인권조례'가 문제가 되고 있다는 식으로 자주 언급한다.

학생인권조례에 우호적인 쪽에서도 이런 인식이 심심찮게 발견된다. 예컨대 2023년 이후 여러 지역에서 학생인권조례 폐지 움직임이 가시화되자, 많은 시민사회단체들이 '학생인권조례가 없어지면 소수자 학생들이 차별받게 되지 않는가'라는 우려를 표하곤 했다. 2023년 7월 4일, 서울시의회에서 서울 학생인권조례 폐지안이 논의되는 등의 상황에서 국회에서 '학생 인권 기본법 제정 토론회'가 열렸다. 토론회 주제는 학생인권법, 학생인권기본법 등의 법률적 대안 논의였는데 학생인권조례 폐지·후퇴 우려에 관한 의견도 많이 나왔다. 이 자리에 참석한 조희연 서울시 교육감은 "학생인권조례에서 문제가 되는 게 딱 4글자다. '성적 지향'"이라는 발언을 했다. 학생인권조례 폐지를 주장하는 세력이 주로 문제 삼는 게 '성소수자의 차별받지 않을 권리' 관련 조항뿐이라는 인식을 드러낸 것이다.

그런데 과연 학생인권조례에서 차별 관련 내용들이 가장 핵심적이고 중요하다고 할 수 있을까? 학생인권조례가 '차별금지법 같은 것'이라고 하는 것은 적절할까? 학생인권조례에서 차별받지 않을 권리를 명시한 것을 공격하는 것은 그 자체가 부당하기도 하지만, 학생인권조례의 내용과 효과를 오해시키고, 정말로 필요한 논의에 훼방을 놓는다는 점에서도 문제다.

## 원칙 선언에 가까운 '차별받지 않을 권리'

학생인권조례에서 처음부터 '차별받지 않을 권리' 조항이 핵심 쟁점이었던 것은 아니다. 가장 먼저 제정된 경기도, 광주광역시의 경우에는 큰 문제가 되지 않았고, 주로 반대에 부딪힌 부분은 체벌 금지, 두발 자유, 집회의 자유, 사상의 자유 등의 내용으로 '교권 추락' 우려가 주요하게 제기됐다. 그러다가 2011년, 당시 제정 운동 중이었던 서울 학생인권조례 안에 대해, 극우 개신교 세력을 중심으로 성소수자 차별·혐오 논리를 전면에 내세운 공격이 시작된다. 이들은 특히나 '차별하지 말아야 할 사유' 중 성적 지향, 성별 정체성, 임신·출산이 명시된 점을 반대했다.

차별 관련 조항이 지속적으로 학생인권조례에서 쟁점 사항으로 인식된 것은 거의 전적으로 극우 개신교 단체들이 극렬한 행동력을 보이면서 관련된 충돌이 불가피했던 탓이다. 이런 과정을 살펴보면 학생인권조례 중 차별 관련 조항이 주요 쟁점이자 핵심처럼 여겨지게 된 것은 학교 현장에서 관련 문제가 불거졌다거나, 학생인권조례에서 이 부분을 중점적으로 다루고 있기 때문이 아님을 알 수 있다. 즉, 이는 '성소수자를 용납할 수 없다', '성적 보수주의를 고수하겠다'라는 특정 종교 분파의 고집과 과민 반응에서 비롯된 현상이다.

사실 학생인권조례 전체에서 차별 관련 조항은 일부에 지나지 않는다. 학생인권조례들에서는 '학생들은 이러이러한 이유로 차별받지 않아야 한다'라는 원칙을 선언하고는 있지만, 그 권리를 실현하기 위해 학교가 무엇을 해야 하는지 구체적인 내용은 별로 나와 있지 않다. 기껏해야 소수자 학생을 학교가 지원하려고 노력해야 한다는 내용 정도다. 왜냐면 첫째, (1부를 보면 알 수 있듯이) 여러 소수자가 겪는 차별 문제를 해결하는 것이 학생인권조례의 주된 목적이 아니었기 때문이다.

둘째, 차별 문제는 학교 구성원들의 인식과 문화 전반이 관련돼 있는 성질 탓에 학생인권조례에서 구체적으로 다루기가 어렵기 때문이다.

이런 점에서 학생인권조례를 가리켜 '학교의 차별금지법'이라고 하는 말은 틀린 소리다. 차별 관련 내용이 빈약하여 차별금지법과 같은 효과를 낼 수 없기 때문이다. 차별금지법은 차별 문제를 포괄적이고 전문적으로 다루는 법률이다. 이 법이 다루는 차별이 무엇인지 정의하고, 주요 차별 사유들을 예시하고, 공적 영역에서 차별이 일어나는 유형들을 규정한다. 차별 문제를 다루는 구제 절차를 만들고 어떤 식으로 차별을 시정해 나가고 피해자를 도울지를 담고 있다. 하지만 학생인권조례는 이와 같이 차별 문제를 상세하고 정교하게 다루고 있지 않다. 학생인권조례가 있더라도 차별을 포괄적·전문적으로 다루는 기본법 성격의 '차별금지법' 같은 법률이 필요한 이유이다. 마침 제정 제안되거나 발의된 차별금지법안에서 주요한 적용 영역으로 학교(교육 기관)를 두고 있으므로, 학생인권조례와 별개로 차별금지법도 학교에 꼭 필요한 법이라고 하겠다.

## 실제 학생들의
## 삶을 바꾼 부분은

학생인권조례상의 차별받지 않을 권리 조항의 존재감 및 영향력은 그리 크지 못하다. 여러 실태조사나 연구를 살펴보면, 학생인권조례가 시행 중인 지역이라고 해서 소수자들이 차별을 덜 겪는다는 뚜렷한 차이는 나타나지 않는다.

실제로 학생인권조례 시행 후 가장 눈에 띄게, 체감되게 바뀐 학교의 모습은 체벌이 줄고 두발 및 용의 복장 규제, 야간자율학습 강요가 완화된 것이다. 학교가 직접적으로 인권을 침해하던 것을 못 하게 만든 것이다. 이런 문제들은 학교의 규칙을 개정함으로써, 학교에서 공공연히 이뤄지던 특정 행위나 관행을 금지함으로써 해결할 수 있다. 하지만 학생인권조례가 만들어졌다고 해서 학생들이 다른 학생들을 외모나 장애, 성적 지향 등으로 놀리고 따돌리는 현상이 사라지지는 않는다. 교사가 수업 중에 소수자 차별적 발언을 내뱉거나, 공부를 못한다고 학생을 무시하는 것을 없애기도 어렵다.

학생인권조례가 효과를 발휘하기에는 학교에서 일어나는 차별의 문제가 더 크고 뿌리 깊다는 문제도 있다. 가령 한국 사회에는 이미 장애인차별금지법이 있음에도, 수많은 학교에서 여전히 장애인 학생이 시설이나 교육과정 등 여러 부분에서 교육권을 보장받지 못하고 있다. 성소수자 차별 문제도 마찬가지다. 학생인권조례에 반대하는 측에서는 '학생인권조례 때문에 학교에서 동성애 교육을 한다' 등의 말을 자주 하지만 전혀 사실이 아니다. 학생인권조례의 권한과 내용으로는 교육과정, 교육 내용을 정할 수 없기 때문이다. 2015년 교육부에서 정한 '학교 성교육 표준안' 등에서는 성소수자 관련 내용을 다루지 말라는 내용 등 성별 이분법적이고 이성애 중심적인 성교육 내용이 버젓이 존속하고 있다. 학교를 포함해 전 사회적으로 성소수자 차별·혐오 등이 만연한 채, '차별받지 않을 권리가 있다'라는 선언만으로 직접적이고 즉각적으로 차별 문제가 개선되기를 기대할 순 없다.

물론 차별받지 않을 권리 조항이 아무런 의미가 없는 것은 아니다. 소수자 학생들은 학생인권조례를 보면서 자신들이 겪는 차별이 부당하다는 원칙을 확인하고 심리적·사회적 지지를 얻게 된다. 이 조항이 있기에 소수자 학생들이 학교에서 차별을 겪었을 때 구제 절차를 통해 도움을 받을 수 있는 가능성도 생겼다. 나아가 교육청에서 학생인권조례에 따라서 수립하는 학생인권 증진을 위한 계획에서 보다 구체적으로 다양한 소수자의 인권 문제를 다루고, 홍보나 교육도 할 수 있게 되었다. 차별받지 않을 권리 조항은 그 자체가 즉각적인 변화를 불러오지는 못해도 장기적으로 학교 안의 차별을 줄여 나가는 발판의 역할을 할 수 있다.

## 학생들이 실제로 겪는 인권 문제에 관심을 가져야

학생인권조례로 인해 실제로 성소수자 차별이 명확하게 감소하거나 성소수자 학생들의 학교생활이 달라지는 결과가 나타나지 않는데도 학생인권조례에서 주요 내용이자 쟁점은 성소수자 차별 관련 조항이라고 이야기되는 것은 이상한 불일치이다. 학생인권조례로 인해 학교에서 일어난, 학생들이 체감하는 변화는 다른 부분(두발 규제의 완화 등)이 훨씬 더 큰데도 사회적 담론은 엉뚱한 데를 짚고 있는 것이다. 이는 우리 사회가 학생인권 문제를 논의하면서도, 정작 학생들이 실제로 겪는 인권 문제에는 관심을 덜 두고 있기 때문이라고도 볼 수 있지 않을까.

단적인 예로, 서울 학생인권조례의 통과 과정에서 원안에는 없던 '상담 중에 학생의 성적 지향과 성별 정체성에 관한 정보를 알게 됐을 때 이를 보호자에게는 알릴 수 있다'라는 내용이 시의원들에 의해 추가된 바있다. 서울 학생인권조례는 차별받지 않을 권리 조항에서 성소수자, 임신·출산 등의 차별 사유가 삭제되지 않게 많은 노력을 기울였는데, 정작 상담 중 성소수자 학생의 정보를 보호자에게 알릴 수 있게 한 조례안 수정은 별다른 주목을 받지 못했다. 사실 성소수자 학생의 입장에서는 아웃팅outing의 위험을 키운 이러한 조항이 더 심각하게 와닿는 문제일 수 있음에도 말이다. 소수자 차별 관련 조항에 대한 집요한 공격은 그 자체로도 문제지만, 논의의 수준을 후퇴시키고 꼭 필요한 세세한 논의를 어렵게 만든다는 점에서도 폐해가 크다.

　보수 개신교단체가 나서서 학생인권조례 중 성소수자 차별 등을 주요 쟁점으로 만들어 온 결과, 정작 학생인권조례로 인해 학생들의 학교생활이 얼마나 나아졌는지, 획일적 규제와 폭력이 얼마나 감소했는지 등은 상대적으로 주목을 덜 받아 왔다. 학생인권을 신장시키기 위해서 어떤 노력이 더 필요한지에 대한 논의는 답보 상태에 있고, 십수 년째 차별받지 않을 권리 조항에 어떤 문구를 넣느니 빼느니 하는 논쟁만 맴돌고 있다.

　이 제자리걸음을 벗어나기 위해서라도 학생인권조례에서 '성적 지향' 4글자가 문제라느니, 차별받지 않을 권리 조항이 핵심이자 쟁점이라느니 하는 인식을 극복해야만 한다. 그리고 (당연히 소수자 학생들을 포함하여) 학생들이 실제로 학교생활에서 겪는 인권 문제를 어떻게 해결하고 개선해 나갈지를 중심에 두고 학생인권 관련 논의를 해야만 한다. 그것이 학생인권조례가 만들어진 이유이자 역사적 맥락이기도 하다.

# 학생인권조례는
# 교사를 처벌하기 위한 제도인가?

공현

학생인권조례에 반대하는 사람들은 두려움을 부채질하는 방법을 자주 쓴다. 그중 대표적인 것이 바로 학생인권조례로 인해 교사가 학생에게 신고당하고 처벌받게 된다는 주장이다. 덧붙여서 그 때문에 '감히' 학생들을 지도하지 못하게 돼서 '학생인권만 과도하게 확대된다', '학생들이 자기 마음대로 하게 된다'와 같은 이미지도 만들어진다. 과연 정말로 학생인권조례로 인해 학생인권 침해가 사라지고 인권이 보장되고 있는지는 다음 장에서 더 자세히 이야기할 것이다. (결론만 귀띔하자면 인권 침해가 감소한 것은 맞지만, 학생인권조례가 학생 인권을 철저하고 완전하게 보장하고 있진 못하다.) 여기에서 는 정말로 학생인권조례 때문에 학교나 교사들이 신고 당해서 처벌을 받게 되는지, 학생인권조례가 과연 그만 큼의 힘을 갖고 있는지를 따져 보려 한다.

## 학생인권조례는 '처벌'을 위한 것이 아니다

학생인권조례는 학생인권 침해에 대한 구제 기능을 갖고 있다. 학생인권 침해가 일어났을 때 이에 대해 도움을 요청하고, 인권 침해인지 여부를 판 단받고, 인권 침해의 중단 등 적절한 시정 조치를 받는 과정이 필요하기 때문이다. 학생인권조례의 가장 핵심 적인 내용 중 하나라고 할 수 있다.

만약 학생인권조례가 없다면 학생인권 침해를 당했 을 때 어떻게 해야 할까? 가령, 10월에 갑자기 날씨가 추워졌는데 학교에서 외투를 금지했다면? 휴대전화나 개인 물품을 부당하게 압수당했다면? 경찰에 신고해도 경찰에서는 「형법」상 범죄가 아니라 여기고 아무 조치도 취하지 않을 것이다. 그나마 해 볼 만한 것은 교육청에 민원을 내는 일이다. 하지만 별다른 효과가 없을 가능성이 높다. 많은 교육청은 학생인권 침해 사건 민원이 접수되어도, 학교 측에 이런 민원이 들어왔는데 사실이냐고 물어본 뒤, 민원인에게 '학교 측은 이렇게 답했습니다. 잘 이야기하여 갈등을 해소하길 바랍니다' 하고 회신하고 말곤 한다. 학생인권조례가 없다면, 단순 민원에 대해 교육청들은 학생인권의 관점에서 문제에 접근하지도 않을뿐더러, 사안을 조사하여 인권 침해인지 여부를 판단하거나 조치를 취하지도 않는다.

따라서 학생인권조례에서는 신고를 접수하여 조사하고 구제하는 '학생인권옹호관', '학생인권교육센터' 같은 담당자와 부서를 두도록 하고, 그들이 할 수 있는 일, 해야 하는 일을 명시하고 있다. 그런데 이러한 구제 기구에서 학생인권 침해 사실을 확인하더라도 관련자를 처벌하는 일은 드문 편이다. 오히려 대부분의 조치는 인권 침해 행위의 중단이나 시정을 권고하는 데 그친다. 실제로 조례의 조문들을 살펴봐도 그렇다. 학생인권조례는 '이러저러한 행위를 금지한다. 하면 이렇게 처벌한다' 같은 형태를 취하고 있지 않다. '학생은 이러한 권리를 가진다'라고 포괄적·원칙적으로 확인하고, 학생의 권리를 침해하는 일이 발생했을 때 구제 기구의 도움을 받을 수 있다고 하고 있다. 또한 구제 기구는 '시정 권고'(경기), '주의, 경고, 인권교육, 징계 등 적절한 조치를 (가해자나 관계인 또는 교육감에게) 권고'(서울, 충남)하도록 되어 있다.

즉, 학생인권조례상의 구제 절차는 신고를 받아서, 그 문제를 조사하여 인권 침해인지 여부를 판단하고, 만약 인권 침해임이 확인됐다면, 대개는 인권 침해를 중단하거나 재발을 방지하도록 학교나 교육감에게 권고하거나 관련자에게 시정 및 개선을 요청하는 방식으로 작동한다. 학생인권조례도 엄연히 법이고 교육감이나 교육청, 학교에는 학생인권조례를 지킬 의무가 있다. 그럼에도 학생인권조례에는 조례를 어겼다고 해서, 권고를 따르지 않는다고 해서 불이익을 주는 내용이 없다. 학생인권조례는 '어기면 벌금! 징계!' 이런 방식으로 시행되는 제도가 전혀 아니다.

## 각 조례별 구제 절차에 관한 규정

| | |
|---|---|
| 경기 | 제44조(학생인권침해 구제신청 및 조치) ① 학생이 인권을 침해당하였거나 침해당할 위험이 있는 경우에는 학생을 비롯하여 누구든지 학생인권옹호관에게 그에 관한 구제신청을 할 수 있다.<br>② 제1항의 구제신청을 받은 학생인권옹호관은 사건을 조사한 후에 본청, 교육지원청, 학교 및 교직원에 대한 시정권고 등 적절한 조치를 취하여야 한다. 이 경우 미리 시정권고 등의 상대방에게 의견 진술의 기회를 주어야 한다. |
| 광주 | 제40조(학생인권 상담 및 구제) ① 센터는 학생이 인권 침해에 대하여 상담하고 구제 신청을 할 수 있도록 홍보하고 연락·통신 체계를 구축하여야 한다.<br>② 학생이 인권을 침해당하였거나 침해당할 위험이 있는 경우에는 학생을 비롯하여 누구든지 센터에 그에 관한 구제 신청을 할 수 있다.<br>③ 제2항의 구제 신청을 받은 센터는 비밀을 유지해야 하며, 침해 당사자의 동의를 얻어 사건을 조사한다. 다만, 사안이 중대하거나 향후 유사한 사건의 예방 등 상당한 이유가 있는 경우에는 피해 당사자의 동의 없이 조사할 수 있다.<br>④ 구제 신청을 받은 센터는 사건을 조사한 후에 직권으로 또는 구제 소위원회의 심의를 거쳐 관계 기관 및 교직원에 대해 조정, 시정, 조치 요구 및 권고 등 적절한 조치를 취하여야 한다. |
| 서울 | 제49조(학생인권침해사건의 처리) ① 학생인권옹호관은 조사 중이거나 조사가 끝난 사건에 대하여 사건의 공정한 해결을 위하여 필요한 구제 조치를 당사자에게 제시하고 합의를 권고할 수 있다.<br>② 제47조 제1항의 구제신청을 받은 학생인권옹호관은 사건을 신속하게 조사한 후 인권침해나 차별행위가 있었다고 판단될 경우에는 가해자나 관계인 또는 교육감에게 다음 각 호의 사항을 권고할 수 있다.<br>1. 학생인권침해 행위의 중지<br>2. 인권회복 등 필요한 구제조치<br>3. 인권침해에 책임이 있는 사람에 대한 주의, 인권교육, 징계 등 적절한 조치<br>4. 동일하거나 유사한 인권침해의 재발을 방지하기 위하여 필요한 조치 |

| | |
|---|---|
| 전북 | 제49조(학생인권침해 구제신청과 조치) ① 학생이 인권을 침해당하였거나 침해당할 위험이 있는 경우에는 학생을 비롯하여 누구든지 인권옹호관에게 그에 관한 구제신청을 할 수 있다.<br>② 제1항의 구제신청을 받은 인권옹호관은 사건에 대하여 조사한 후 도교육청, 지역교육청, 학교와 교직원에 대한 시정권고 등 적절한 조치를 취하여야 한다.<br>(※ 2023년 4월 「전라북도 교육인권조례」 제정으로 이 조항을 포함한 인권옹호관 등 조항은 삭제됐음.) |
| 충남 | 제41조(학생인권침해사건의 처리) ① 학생인권옹호관은 조사 중이거나 조사가 끝난 사건의 공정한 해결을 위하여 필요한 구제조치를 당사자에게 제시하고 합의를 권고할 수 있다.<br>② 구제신청을 받은 학생인권옹호관은 사건을 조사한 후 인권침해가 있었다고 판단한 경우에는 가해자·관계인·교육감에게 다음 각 호의 사항을 권고할 수 있다.<br>1. 학생인권침해 행위의 즉시 중지<br>2. 학생인권 회복 등 필요한 구제조치<br>3. 학생인권침해에 책임이 있는 사람에 대한 주의, 경고, 징계, 인권교육 등 적절한 조치<br>4. 동일하거나 유사한 학생인권침해의 재발을 방지하기 위하여 필요한 조치 |
| 제주 | 제37조(학생인권침해 구제신청과 조치) ① 센터는 학생 인권 침해에 대하여 상담하고 구제 신청할 수 있도록 홍보하고 연락·통신 체계를 구축하여야 한다.<br>② 학생이 인권을 침해당하였거나 침해당할 위험이 있는 경우에는 학생을 비롯하여 누구든지 센터에 그에 관한 구제신청을 할 수 있다.<br>③ 제2항의 구제신청을 받은 센터는 비밀을 유지해야 하며, 침해 당사자의 동의를 얻어 사건을 조사한다. 다만, 사안이 중대하거나 향후 유사한 사건의 예방 등 상당한 이유가 있는 경우에는 피해 당사자의 동의없이 조사할 수 있다.<br>④ 제2항의 구제신청을 받은 센터는 사건을 조사한 후 도교육청, 지역교육청, 학교와 교직원에 대한 조정, 시정, 조치 요구 및 권고 등 적절한 조치를 취하여야 한다. |

학생인권 침해 행위가 교직원 징계에 이르는 경우가 물론 있다. 정확히 말하면, 사건을 조사하는 와중에 통상적인 교원의 의무를 위배하거나 정도가 지나친 내용이 확인되는 경우에만 징계로 이어지게 된다. 가령 성폭력이라든지 아동학대 같은 사례들이다. 학생인권 구제 기구는 조사 중 이런 심각한 문제를 발견하면 해당 학교 책임자나 가해자에게 징계 등 조치를 취하라고 교육감에게 권고할 수 있다. 그러나 교원 징계는 어쨌든 별도의 절차를 밟아야만 가능한 것이라서, 이를 학생인권조례에 의한 처벌이라고 부르는 것은 정확하지 않다. 학생인권조례에 의거하여 무언가 불이익이 주어진 사례는, 교사 개인에 대한 것보다는 관리·감독 책임이 있는 학교장 등에게 책임을 묻는다든지 학교 평가에 반영한다든지 하는 경우가 더 많을 것으로 추정된다.

**강제성이
약한 이유**

학생인권조례가 처벌 조항이 없고 강제

성이 약한 이유는 1차적으로는 조례이기 때문이다. 형사 처벌은 법률에 의해서만 가능하고, 조례로 가능한 직접적인 처분은 행정적 조치뿐이다. 쉽게 말해 조례로 개인이나 기관에 가할 수 있는 처벌은 과태료나 영업 정지 같은 것이 최대한이다.

하지만 단지 법적 위상의 한계 때문에 학생인권조례가 강제적 조치를 두지 않은 것은 아니다. 그런 이유만 있었다면 적어도 체벌한 교사에게 과태료를 물리는 것 정도는 할 수 있었을 터이다. 첫째 이유는, 학생인권 보장 측면에서 강제적 조치가 부정적인 결과를 초래할 수 있기 때문이다. 둘째로는, 학생인권조례의 목표는 학생인권을 신장시키는 것인데, 인권 문제의 원인은 개인에게 있지 않을 때가 많고 개인을 처벌하는 것이 핵심이 아니기 때문이다.

어떤 문제가 일어났을 때, 관련된 가해자나 책임자를 처벌하는 데 초점을 맞추면 어떻게 될까? 사실 관계를 엄정하게 조사해야 하고, 가해 행위나 잘못을 입증해야만 한다. 그 사람들의 인권 보장 차원에서 공정하게 조사하고 심판하는 것이 필요하기 때문이다. 그런

데 그러다 보면 시간이 오래 걸리기도 하고, 인권 침해가 있었더라도 증거가 없으면 아무 조치도 취하지 못하게 될 수도 있다(아주 명백한 범죄 행위더라도 수사·기소·재판 등을 거치면 최소한 몇 개월이 걸리고, 증거가 부족하다고 처벌을 못 하기도 한다는 것을 떠올려 보라). 강제성을 강화하려 할수록 오히려 빠르게 여러 문제에 조치를 취하기가 어려워지는 역설이다. 게다가 불이익을 받은 사람들이 결정에 불복하여 이의를 제기하거나 법적 소송을 걸 가능성도 커진다.

또한 통상의 범죄 행위와 달리, 인권 문제는 사회 구조적이고 문화적인 원인에 의해 광범위하게 일어나고 일상적으로 반복되는 경향이 있다. 따라서 개개인을 처벌하는 것이 비효율적이며 부당한 경우도 있다. 예를 들어, 학교의 두발 규제 문제는 두발 단속을 실시하는 교사 개인의 잘못이라고 보기 어렵다. 학교라는 기관의 규칙과 그 규칙의 집행 방식의 문제이기 때문이다. 나아가 이러한 학교 규칙이 오래된 관행이나 주변 학교들 다수가 그렇다는 추세, 보호자들이나 주민들의 요구와 압력 등이 작용해 만들어진 것이라면 학교 하나

하나에 불이익을 주는 조치는 적절치 않은 면이 있다.

그렇기에 학생인권조례상의 구제 기구도 주로 학생 인권 침해에 대해 조사하고 인권 침해의 중단, 개선 등을 권고하는 방식으로 설계되어 있다. 그러면 가해자를 형사 처벌하는 데 요구되는 절차나 입증 요건보다 조금 더 완화된 방식으로 신속하게 문제에 개입, 결정을 내려 조치를 취할 수 있다. 인권 문제에 대해서는 "이건 인권 침해다"라고 공신력 있는 기관이 확인하고 계속 지켜보고 있다며 윤리적·사회적 압력을 가하는 방법이 효과적일 수 있다. 국가인권위도 마찬가지로 인권 침해에 대해 조사한 뒤 권고 조치를 취하게 되어 있다. 차별 금지에 관련된 법률들 역시 차별에 대한 시정 조치 위주로 구제 절차가 만들어져 있고, 차별 행위를 한 개인은 바로 처벌하지 않는 예가 많다. 즉, 일각의 오해와 달리 인권 관련 법·제도들은 대부분 강제성이 약한 방식으로, 상대적으로 부드러운 방식으로 개선을 유도하는 접근법을 취하곤 한다.

한편 현재의 학생인권조례가 너무 강제성이 약하다는 지적도 있다. 제도적 강제성이 필요하고 또 효과적인 순간들도 있기 때문이다. 예컨대 교사가 체벌처럼 상위법이나 학칙에서도 금지하는 폭력 행위를 한 것이 명백한 경우에는 징계한다는 원칙이 확립되어야 할 것이다. 지금까지는 그런 사건에 대해서도 재발 방지 요구나 주의 정도로 넘어가는 예가 꽤 많았다. 또한 개인에 대한 처벌은 하지 않더라도 학교라는 기관을 대상으로 한 강제적 처분은 더욱 강화되어야 한다는 지적도 있다. 교육청이나 교육청 내의 학생인권 관련 기구가 학생인권을 침해하는 학교 규칙은 개정하도록 감독하고, 따르지 않으면 학교에 대한 행정적 조치를 내릴 수 있어야 한다. 현행 「초·중등교육법」에서는 학교 규칙을 학교장의 재량으로 규정하고 이에 대해 상급 기관이 감독할 길을 막아 놨는데, 이러한 법·제도가 손질되어야 할 것이다.

## 공포심을 조장하는 주장

이처럼 학생인권조례가 교사에 대한 신

고와 처벌을 초래한다는 주장은 실제 조례의 내용이나 적용 방식과는 동떨어져 있다. 이런 거짓말과 과장된 논리는 학생인권조례에 대한 공포심을 조장하려는 의도에서 비롯된 것으로 보인다. 학생인권조례가 힘이 세다며 두려움을 갖게 만드는 것은 '그러니까 학생인권을 잘 지켜야지' 하고 경계하는 마음을 갖게 하려는 게 아니라 '그러니까 학생인권조례는 나쁜 것'이라고 반감을 갖게 하려는 것이라는 점에서 해롭고 악질적이다.

그런데 '학생이 선생님을 신고하게 만든다'라는 말도 곱씹어 보면 달리 볼 수 있다. 교사가 잘못을 저질렀거나 폭력 등으로 인권을 침해했다면 관련 기관에 신고하거나 적절한 조치를 취하는 것은 당연한 일이다. 학교에서 불합리한 일, 비민주적인 상황, 반인권적인 일이 일어나면 이를 해결하기 위한 절차가 필요하다. 그런 일이 벌어졌을 때에도 신고를 하고 도움을 청할 만한 마땅한 창구도 절차도 없는 것이 오히려 더 큰 문제다. 학교의 교육활동도 인권과 민주주의의 원칙에서 벗어나선 안 된다. 그간 학교가 인권과 민주주의의 사각지대에 있었던 것은 아닌지, 그런 문제를 제기할 통로조차 제대로 없었던 것은 아닌지, 그리고 그게 너무 당연하게 생각되어 온 것은 아니었는지를 돌아봐야 한다.

오랫동안 이어져 온 반인권적 악습과 문화를 인권의 관점에서 접근하여 바꾸려는 많은 법·제도들은 비슷한 반발에 부딪히곤 한다. '그동안은 아무 문제 없이 해 왔던 사소한 일들까지 인권 침해라고 하면서 벌하려고 든다'는 것이다. 그러나 아무 문제 없이 조용해 보였던 일상이 사실 그 안에 있는 힘 없고 목소리 없는 사람들, 소수자들에게는 언제나 문제 상황이었을 수 있다. 사회 전반의 자유와 평등, 민주주의의 가치에 비춰 봤을 때는 잘못된 것이었을 수도 있다. 게다가 앞서 말했듯 학생인권조례를 비롯해 인권 관련 법들은 이런 반발을 극복하기 위해서, 그리고 더 효과적으로 인권 문제를 해결하기 위해서 처벌 등의 수단을 최소화하곤 한다. 왜냐면 구조 속에서 생겨나는 무수한 가해자들을 처벌하는 일보다도, 인권 침해를 낳는 구조와 문화를 바꿔 나가는 것이 훨씬 더 중요한 과제이기 때문이다.

3부

**학생인권조례가 가진 의미**

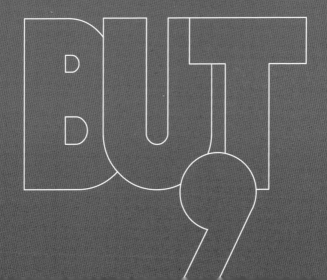

# 학생인권조례는
# 어떤 변화를 낳았나?

———

공현

**'미운 오리' 학생인권조례, 유엔에서 '하늘' 날다**

한국 정부에 의해 '미운 오리'로 취급받는 서울시 학생인권조
례 제정 운동이 유엔이 선정한 국제적인 모범 사례로 초청되
어 2일 유엔 공식 행사에서 발표됐다. 이 같은 유엔의 초청은
한국 정부가 학생인권조례를 막으려고 대법원에 소송을 내
고, 이대영 서울시 교육감 권한대행(부교육감)이 방해 움직임
을 보이고 있는 상황에서 나온 것이어서 눈길을 끈다. (······)

　유엔인권위원회 부속 기구인 유엔사회포럼은 '유엔 인권최
고대표실' 명의로 서울학생인권위원으로 활동하고 있는 홍

성수 숙명여대 교수(법학과)에게 요청문을 보낸 바 있다. 유엔사회포럼은 이 요청문에서 "'아래로부터의 사회운동을 통한 참여적 발전과 민주적 거버넌스(통치)를 위한 행동 증진' 사례로 서울 학생인권조례를 선정했다"면서 "이에 대한 경험, 성과, 도전을 발표해줄 학생 발표자를 초대하고 싶다"고 요청했다.

<오마이뉴스>, 2012년 10월 2일

유엔에서 연 포럼에서 학생인권조례 제정 운동이 민주적 참여의 사례로 선정, 초대될 만큼, 학생인권조례가 만들어진 과정과 그 성과는 큰 의의가 있는 일대 사건이었다. 학생인권조례는 민주주의와 지방 자치의 측면에서도 주목받았고, 초·중·고 학생의 시민권을 사회 전반적으로 향상시킨 계기로 평가받았다.

2010년부터 2013년에 걸쳐 경기, 광주, 서울, 전북 4개 지역에서 학생인권조례가 시행되었다. 그리고 2011년에는 「초·중등교육법 시행령」 개정으로 학교에서의 체벌이 상당 부분 제한되었고, 2015년 「아동복지법」 개정으로 교사를 비롯해 보호자가 아동에게 신체

적 고통을 주는 것이 금지되어 학교 체벌은 금지된 것
으로 여겨지게 되었다(다만 이 부분은 「초·중등교육법」
등 교육 관련 법에서 체벌이 완전히 금지되지 않은 점, 체벌
에 대한 명시적 금지와 실질적 후속 조치가 확립되지 못한
점 때문에 제대로 된 체벌 금지라고 볼 수 없는 측면도 있다).
2020년에는 충남, 2021년에는 제주에서 학생인권조례
가 시행되었다. 이런 연대표를 보면 특히 2010년대는
학생인권조례가 4개 지역에서 시행되면서 특히 이로
인한 변화를 체감할 수 있는 시기였다고 할 수 있다.

　그런데 과연 학생인권조례로 정말로 학교가 변화했
을까? 변화했다면 얼마나 변화했을까? 누군가는 학생
인권조례 때문에 학교에서 학생들의 인권이 '과도하게
보장되어서 문제'라고 하고, 또 누군가는 학생인권조례
가 있어도 인권 보장에 별다른 실효성이 없다고 하기
도 한다. 학생인권조례가 학생인권 현실을 어떻게, 얼마
나 개선시켰는지에 대해 각종 사례와 실태조사 자료,
연구 논문 등을 통해 살펴보자.

## 학생인권조례의 효과를
## 검증한 연구들

인권의 신장은 꽤나 포괄적인 문제이며 학교의 인권 관련 경험에 영향을 미치는 요인은 다층적, 복합적이다. 때문에 학생인권조례의 효과나 인과관계를 검증하는 것은 쉽지 않은 일이다. 일단 학생인권조례로 인한 변화를 평가, 확인하는 방법으로 크게 두 가지를 떠올려 볼 수 있다. 첫째는 학생인권조례의 제정 이전과 이후를 비교하는 방식이고, 둘째는 학생인권조례 시행 지역과 미시행 지역을 비교하는 방식이다.

첫째 방식으로 특정 학교의 학칙 조사나 특정 지역의 표본 조사 결과를 전후 비교할 수 있다면 좋을 것이다. 하지만 대부분 지역에서는 공식적으로 학생인권에 대한 실태조사가 이루어진 것 자체가 학생인권조례 제정 이후의 일이라서 적합한 자료를 구하기가 어렵다. 학생인권조례가 없으면 각 시도교육청에서는 아예 학생인권에 대한 조사를 할 이유조차 없었던 것이다. 학생인권조례의 존재 의의를 느끼게 해 주는 대목이기도 하다. 때문에 실태조사나 연구 등에서는 둘째 방식을 취하여 지역 간 비교를 한 예들을 쉽게 찾아볼 수 있다.

그런데 첫째 방식이든 둘째 방식이든 주관적 평가를 포함한 조사(예를 들어 '학교가 학생의 인권을 보장한다고 느끼는가' 같은 질문)의 한계도 염두에 두어야 한다. 현 시점 재학 중인 학생들에겐 학교의 기본값 자체가 학생인권조례 시행 이후 상황이기 때문에, '학생인권조례로 인한 변화'에 대한 정확한 인식과 평가가 어려울 수 있다. 학생인권조례 시행 이후로 학생인권 현실이 일부 나아졌더라도 충분히 만족스럽지 않아서, 미시적인 문제가 바뀌었더라도 거시적인 문제(입시 경쟁 등)가 그대로라서 행복도나 만족도 등은 비슷할 수도 있다. 세부적인 인권 관련 항목과 인권 침해 발생률, 이에 대한 대처 등으로 평가하는 게 더 적절한 이유다.

박종훈(2021)은 학생인권조례의 성과와 가능성으로 ▲ 학생인권 기구 설치 제도화, ▲ 체계적 인권 행정의 안착화, ▲ 권리 구제를 통한 학생인권의 제도적 확인, ▲ 학생에게 보장된 인권과 권리의 재확인 등을 꼽는다. 그러면서 학생인권조례로 인한 학교의 변화를 정량적으로 평가하는 일의 난점도 언급한다. 또한 학생인권조례의 효과를 조사·분석한 연구들을 소개하며 학생인권조례 시행의 효과가 기대한 만큼 뚜렷하게 나타나지 않았다고 분석한다. 다만 '학교의 인권 친화적 환경 조성'과 '인권 침해적 환경 개선'이라는 두 가지 측면을 분석한 박환보(2021)의 연구에서는, '인권 친화적 환경'에서는 차이가 없었지만 '인권 침해적 환경 개선' 측면에서는 학생인권조례 시행 지역과 미시행 지역 사이에 유의미한 차이가 있는 것으로 나타난 등 긍정적 효과도 확인됐다.

박종훈은 정량적 평가 시도에 대해 다음과 같은 의견도 제시한다.

### 학생인권조례 10년, 그 성과와 한계

그보다 중요한 것은 인권의 문제를 정량적으로 접근하려는 태도 그 자체이다. 학생인권조례의 제정 운동은 학생도 인간으로서의 기본적 인권을 누려야 한다는 기본적인 인식에서 출발해야 하고, 그것으로 인한 정량적 효능 검증이 주가 되어서는 안 된다. 만약 학생인권조례가 제정되었음에도 불구하고 학생들의 인권이나 삶의 질이 나아지지 않는다면 오히려 학생인권조례에서 보장하고 있는 학생의 인권보호나 관련 제도가 제대로 작동하고 있는지를 점검하는 것이 먼저다. 그렇지 않고 정량화된 결과만 보고 학생인권조례가 필요 없다고 주장하는 것은 원인과 결과를 잘못 파악하고 있는 것이라고 할 수 있다. 이것은 헌법이 국민의 기본권을 보장하고 있음에도 불구하고 국민의 삶이 나아지지 않고 있다는 근거를 들어 헌법은 필요 없다고 주장하는 것과 같다.(박종훈, 2021)

## 학생인권조례가 만든 변화의 사례

2010년대 초·중·고 학교를 실제로 경험하며 살아온 사람들에게 학생인권조례 제정으로 인한 변화와 성과는 명명백백할 것이다. 2010년대 초반 경기, 광주, 서울, 전북에서 학생인권조례가 제정·시행되면서, 거의 아무런 제재 장치가 없던 학교의 학생인권 침해 문제에 대해 통제와 개입이 이뤄지기 시작했다. 엄격한 두발 규제나 체벌 등이 학교의 '당연한' 풍경이던 한국 사회의 상식과 감각이 변화하기 시작했다. 학생인권조례는 사회 전반의 인식 변화를 견인했다. 학생인권조례가 제정되지 못한 지역에서도 소위 '진보 교육감'들 일부가 학교 문화 개선 등을 촉구한 것이 보태져, 학생인권조례가 있는 지역과 없는 지역을 막론하고 전국적으로 학생인권 상황은 상당히 개선되었다고 볼 수 있다.

학생인권조례가 막 시행되면서 학교 규칙 및 문화가 변화하던 시기에 학교를 다녔던 이들의 증언과 기록에서도 그러한 증거는 여럿 찾아 볼 수 있다. 예컨대 학생인권조례 제정 시점에 서울 지역 중학교에 재학 중이었던 인권운동 활동가 박지연은 학생을 체벌하던 교사가 "아 맞다. 이제 이러면 안 되지?"라며 사과한 경험을 증언했다.

### 체벌 교사의 예상 못한 사과… 다 이것 때문입니다

폭력이 영원할 것 같던 학교에 갑자기 학생인권조례가 등장한 날이 기억난다. 늘 그렇듯 자는 학생을 때리던 한 교사가, "아 맞다. 이제 이러면 안 되지?"라며 사과하는 척하더니만 이내 학생인권조례를 욕했다. 학생인권조례라는 게 제정되면 학생을 때릴 수 없게 된다고 불평을 늘어놨다. 처음 '학생인 권조례'의 존재를 알게 된 날이었다. 그 이후로도 교사들은 여전히 습관적으로 우리를 때렸다. 하지만 곧 당황하며 사과했다. 교사가 학생을 '때리지 않는 습관'을 익히는 동안, 우리는 어떤 사람도 맞지 않을 권리가 있음을 익혔다. (……)

2012년 2학기 무렵부터는 체벌이 사라진 것을 넘어, 보이지 않는 변화가 우리 사이로 퍼져나가고 있다는 게 느껴졌다. 그럴 만한 상황이 아닌데도 부당하게 벌점을 받았을 때, 원하지 않는 방과 후 학습을 강제할 때, 치마 길이가 짧다며 교사가 강제로 아랫단을 뜯어낼 때 항의하는 학생이 늘어나기 시작한 것이다.

조례 제정 이후 학생들이 강제학습에 대한 의문을 품게 되자, 그때까진 의무·강제되던 야간자율학습도 슬그머니 선택으로 변경됐다. 그럼에도 온전히 자유롭게 야간자율학습을 결정할 순 없었지만, 학생들은 사유서를 제출하면 바로 하교할 수 있었다. 학교에서 벌어지는 일에 대해 질문해도 되는지조차 알지 못했던 학생들이, 인권조례 뒤 질문의 힘을 얻으며 만들어진 변화였다.

〈오마이뉴스〉, 2023년 2월 14일

서울시교육청이 2018년 발간한 〈학생이 시민이 될 때 - 서울학생인권조례가 바꾼 우리학교〉에는 학생인 권조례상의 구제 절차를 활용한 실제 사례들이 몇 소개되어 있다. 그중 일부를 옮기면 다음과 같다.

**"폭력 없는 학교를 원해요!" - 체벌과 언어 폭력 해결 사례 중**

○ B 교사는 자신의 목소리가 잘 나오지 않는 상황에서 학생이 수업과 무관한 질문(교사의 담당 동아리 모집에 대한 질문)을 계속한다는 이유로 학생을 교실에서 분리 조치하였다. 또한, 해당 학생이 빈정거리고 자신에게 공격적인 태도를 보인다며 정강이를 구둣발로 차고 뺨을 때렸다. 피해 학생의 신고 후 조사 과정에서 해당 교사는 모든 사실을 인정하였고 잘못을 통감하며 성숙한 태도로 학생을 지도하기 위한 다양한 방법을 연구하겠다고 약속했다.

**"획일적 학생다움보다 나다움이 더 중요해요!"**
**- 부당한 휴대전화·용모 규정 해결 사례 중**

○ A 학교는 학교 생활지도 규정을 통해 교내에서의 휴대폰 소지 자체를 금지하고 있었다. 이를 근거로, 하교하던 학생이

학교 밖에서 휴대폰을 사용했지만 '교내에서 소지했다'는 이
유로 벌점을 부과받았다. 해당 사실을 인지한 학생인권옹호
관은 해당 규정의 인권 침해적 요소를 지적했고, 학교는 휴
대폰에 대한 소지 금지 규정을 교내 사용 금지로 변경하는
것에 대해 검토하겠다고 답변했다.

○ C 학교의 A 교사는 체육 시간에 학생의 머리가 길어 운
동에 방해가 된다며 두발을 단정히 할 것을 지도하였다. 이
로부터 2주 후에 이발하지 않은 학생 중 가위·바위·보를 하
여 진 학생 4명에게 교내 이발소에서 반삭발로 이발할 것을
강요했다. 또한 불응하는 학생에겐 벌점을 부과하겠다고 발
언했다. 학생인권옹호관은 해당 사실을 인지한 후 조례 위반
에 대해 지적하며 해당 교사에 대한 주의 조치 및 인권교육
이수를 주문했다. 그리고 해당 학교의 규정과 이발소 운영
또한 인권 침해의 소지가 있으므로 민주적인 절차를 통해 학
생인권조례의 취지에 맞게 제·개정할 필요가 있다는 입장을
밝혔다. 학교는 향후 학생들의 입장을 고려하고 인권을 존중
하는 방향으로 지도하겠다고 답변했다.

**"동등한 존중을 원해요!" - 차별과 혐오 해결 사례 중**

○ A 교사는 자신이 소속된 학교가 학생들을 성적에 의해 차별하고 있다며 조사를 요청했다. 해당 학교는 성적순으로 자습실의 자리를 배정하고 있었으며 매번 시험성적에 따라 자리를 이동시켰다. 학교 측에서는 학생들의 동기 부여를 위해 시행한 조치라 하였으나 학생인권옹호관은 차별받지 않을 권리를 침해하였음을 지적하였다. 이후 성적에 따른 자습실 자리 배정 규칙은 폐기되었다.

학생인권조례가 주로 어떤 문제들을 해결하는 데 도움이 되었는지 알 수 있는 사례들이다. 학생인권조례가 만들어진 덕분에 학생들이 인권 침해 문제에 대해 공적인 구제를 요청할 수 있게 된 의미를 실감케 해 주기도 한다.

**실태조사 결과로
살펴본 변화**

다음으로 학생인권조례가 한국 사회에

등장하기 전과 후를 비교해 볼 수 있는 전국 단위 실태조사 결과들을 살펴보자. 가장 상징적이고 대표적인 문제인 두발 규제나 체벌 같은 항목에 초점을 맞춰 보면, 2010년 이전의 조사에서는 중·고등학생 70% 이상이 두발 규제나 체벌을 심하게 경험한다고 응답하곤 했다.* 그러다가 2010년대에 들어 두발 규제나 체벌의 경험률이 눈에 띄게 떨어지고, 폭력과 규율의 정도와 강도도 약해졌다. 2016년 이루어진 국가인권위의 〈학교생활에서 학생의 인권보장 실태조사〉 결과에서는 중학생 54.6%, 고등학생 52.6%가 두발 규제가 존재한다고 응답했다.

이 조사 중에는 학생인권조례 시행 지역과 미시행 지역 사이에 수치를 비교한 자료가 있어, 지역 간 비교를 하는 데에도 중요한 참고 자료가 된다. 이 조사에서는 학생인권조례 시행 지역에서 인권 침해가 상당한 차이로 빈도가 적다는 결과가 나왔다.

* 가령 청소년인권행동 아수나로가 2009년 11월 발표한 〈2008년 이후(이명박 정부 이후) 중고등학생인권 실태조사 결과〉에 따르면 설문 조사에 참여한 중학생의 95.3%, 고등학생의 94.2%가 두발 규제가 존재한다고 응답했다.

**〈학교생활에서 학생의 인권보장 실태조사〉(김현수 외, 2016)**

| | 학생인권조례가<br>없는 지역의<br>'그렇다'는 응답률 | 학생인권조례가<br>있는 지역의<br>'그렇다'는 응답률 | 차이 |
|---|---|---|---|
| 두발 길이나 모양<br>제한 경험 | 66.1% | 39.6% | 26.5%p |
| 면티/양말 색깔<br>제한 경험 | 32.2% | 17.5% | 14.7%p |
| 치마/바지 길이,<br>폭 제한 경험 | 68.7% | 55.4% | 13.3%p |
| 화장/미용 제품<br>제한 경험 | 71.8% | 62.1% | 9.7%p |
| 수업 외 시간 핸드폰<br>제한 경험 | 84.0% | 74.4% | 9.6%p |
| 동의 없는 소지품<br>검사 경험 | 23.2% | 11.5% | 11.7%p |
| 직접 체벌 경험 | 32.4% | 23.5% | 8.9%p |
| 간접 체벌 경험 | 40.6% | 30.5% | 10.1%p |
| 강제성 서약서,<br>동의서 경험 | 24.4% | 14.7% | 9.7%p |

예컨대 두발 길이나 모양 제한 경험이 있느냐는 질문에 학생인권조례 미시행 지역은 66.1%, 시행 지역은 39.6%가 '그렇다'고 답해 26.5%p 차이가 났다. 복장 규

제나 소지품 검사, 체벌 경험 등에서도 약 9~15%p 정도 학생인권조례 시행 지역이 적게 나타났다.

한편, 같은 조사에서 차별 경험의 경우 조례 시행 지역과 미시행 지역 사이에 뚜렷한 차이가 관찰되지 않았다. 예컨대 학교 성적에 따른 차별은 조례 미시행 지역 31.3%, 시행 지역 27.6%로 나타났고, 장애에 따른 차별은 미시행 지역 4.7%, 시행 지역 4.6%로 나타났으며, 성적 지향(동성·양성애)에 따른 차별은 미시행 지역 4.8%, 시행 지역 6.1%로 나타났다. 소수자 이슈는 그 특성상 표본 설문 조사의 수치로 잘 살펴보기 어렵다는 점도 있겠지만, 학생인권조례가 차별 경험에 직접적 영향을 미치지 못하고 있다고도 해석할 수 있다.

'자유로운 학생회 활동 보장', '학교규칙 제·개정 시 학생 의견 수렴', '학교 관리자 및 교사의 학생 의견 수렴' 항목 모두 학생인권조례 시행 지역과 미시행 지역 간에 거의 차이가 없었다. 이는 박환보(2021)의 연구에서 학생인권조례 시행 지역과 미시행 지역 사이에서 학교의 인권 침해적 환경(교사의 폭력, 개인정보 공개, 용모·복장·소지품 등 단속)의 측면에선 학생인권조례 시행 지역이 인권 침해가 적었으나, 인권 친화적 학교 환경(배려와 존중의 문화, 학생 의견 반영 등 참여 존중) 측면에선 차이가 없었다는 결과와도 상통한다.

이처럼 학생인권조례로 인해 학교에서의 참여와 평등이 적극적으로 증진된 효과는 미미하더라도, 학교 규칙 등에 의한 인권 침해를 방지하는 소극적 보장의 효과는 충분히 인정할 만하다. 다만 이런 효과도 지나치게 과장되어 인식돼선 안 될 것이다. 앞서 인용한 국가인권위 조사 역시, 두발 규제 경험에서 학생인권조례 시행 지역(39.6%)은 미시행 지역(66.1%)보다 두발 규제 경험이 26.5%p 적었지만, 바꿔 말하면 약 40%의 학생들이 여전히 두발 규제를 겪고 있다는 결과이기도 하기 때문이다.

일각에서는 학생인권조례로 인해 학생인권이 과도하게 보장된다고 말하곤 하지만, 실제론 교육청의 공식 조사에서도 학생인권조례가 온전히 지켜지지는 않음이 확인된다.

2020년 초 발표된 서울시교육청 〈제2차 서울 학생 인권 실태조사 연구용역 보고서〉(김상원 외, 2020) 결과에 따르면, '머리 모양을 자유롭게 할 수 있는지' 물은 것에는, '그런 편이다' 또는 '매우 그렇다'고 응답한 비율은 중학생 중 57.3%, 고등학생 중 52.0%에 그쳤다. '복장을 자유롭게 할 수 있는지' 물은 문항에 '그런 편이다' 또는 '매우 그렇다' 비율도 중학생 52.1%, 고등학생 58.3%였다. 서울시교육청의 다른 자료를 보면, 두발 규제 규정 관련 공론화 절차를 추진한 학교 중 90% 이상은 두발 길이는 자유화되었지만, 염색이나 파마를 모두 자유화한 비율은 50~60% 정도로 상대적으로 낮다. 학생인권조례의 영향으로 규제의 정도가 약화되고 길이 규제가 폐지되는 등 효과가 있었더라도, 교복 착용이 강요되는 것은 많은 학교에서 여전하고 두발·복장 등 용의 규제 자체가 사라지진 않았기에 경험률이 높게 나타나는 것으로 추측된다.

또한 같은 조사에서 '신체에 대한 폭력'(구타형 체벌)이 '발생한다'는 응답률('전혀 발생하지 않는다' 외의 응답)은 초등학생 16.9%, 중학생 28.6%, 고등학생 22%에 이른다. '간접 체벌'(강요형 체벌)의 경우는 중학생은 21.0%, 고등학생은 9.9%가 '자주/가끔 발생한다'고 응답하여 상당히 높은 수준이다. '휴대전화 관리 방법'에 있어서도 학교 내에서 휴대전화를 일괄 수거하거나 소지가 금지된다고 한 게 중학생 86.3%, 고등학생 49.2%에 이른다. 또한 종교계 학교에서 해당 사항이 있는 중학생 중 30.5%, 고등학생 중 45.1%가 종교 시간에 참석을 원치 않아도 대안을 요청할 수 없다('전혀 그렇지 않다' + '그렇지 않은 편이다')고 응답했다.

최초로 학생인권조례가 시행된 경기도도 사정이 그리 다르지 않다. 경기도교육연구원이 발표한 〈2022년 경기도 학생인권 실태조사〉(김위정 외, 2022) 결과에 따르면, 체벌을 경험했다는 응답률('한 번도 없음' 외의 응답)은 초등학생 6.5%, 중학생 10.6%, 고등학생 9%로 나타났다. 휴대전화 관리 방식은 중학생 78.4%와 고등학생 43.1%가 학교생활 중 일괄 수거(등교 후 일괄 제출)라고 답하였다. '등교 시 교문에서 용모 지도'가 존재한다는 응답('그런 편이다' + '매우 그렇다')은 중학생 81.3%, 고등학생 81.4%로 용의 규제가 계속되고 있음을 보여 줬다. 중고생 약 15%는 추운 날씨에도 외투를 못 입게 하는 규제가 존재한다고 답했다.*

## 학생인권조례의 한계와
## 이후의 과제

조사 결과 등에 따르면 학생인권조례의 성과와 한계는 대체로 이렇게 말할 수 있겠다. 학생인권조례는 분명 학교 현장과 사회 인식 전반을 바꾸었고 학생인권을 신장시켰다. 그 효과는 학생인권조례를 시행한 지역에서 더 뚜렷하고, 학생인권조례가 없는 지역에도 상당한 변화를 초래했다. 하지만 그 변화는 온전하지 않고, 학생인권조례에 명시된 권리도 제대로 지켜지지 않는 경우가 많다. 특히 학생인권조례로 인해 눈에 띄게 변화한 것은 두발 복장 규제를 비롯한 학교 생활규정 같은 부분이다. 반면, 차별의 감소나 민주적 참여 등의 영역에서는 뚜렷한 효과가 확인되지 않는 점은 학생인권조례의 한계다. 그러므로 학생인권조례가 인권 침해를 감소시키고 억제하긴 했으나, 학생인권조례로 인해 학교에 민주적·인권적인 원칙과 문화가 뿌

---

\* (앞쪽) 경기도 조사는 두발 복장 규제 존재 여부나 세세한 방식에 대한 문항이 모두 존재하지 않고, 방과후학교나 보충·자율학습 등을 강요받는지, 종교 수업을 강요받는지 등에 대한 문항도 존재하지 않아서 조사 항목에 결함이 많아 보인다.

리내렸다고 평가하기는 어렵다.

학생인권조례가 바꾸지 못한 것을 이야기하려면, 학생인권조례의 근본적인 한계를 짚지 않을 수 없겠다. 우선 학생인권조례는 지역의 자치 법규인 '조례'이기 때문에 영향이 제한적이다. 학생인권조례의 대두는 비록 미시행 지역에도 영향을 끼치긴 했지만, 어쨌건 조례는 그 지역을 넘어서서는 직접적으로 적용되지 않는다. 그래서 학생인권조례 미시행 지역에선 여전히 학교들에 따라선 10여 년 전, 2000년대와도 별반 다르지 않은 학교생활규정을 유지하고 있는 경우들이 곧잘 발견된다.

학생인권조례가 제정, 시행된 과정에서도 아쉬운 부분이 많았다. 바로 교육부가 학생인권 보장에 협조하기는커녕, 학생인권조례에 대해 무효 소송을 걸고, 「초·중등교육법」 및 「초·중등교육법 시행령」을 개정하여 '학생인권조례가 상위법에 의해 무력화됐다'고 발표하는 등 학생인권조례의 영향력을 위축시키는 데 전력을 다했다는 것이다. 보통 새로운 제도와 정책이 도입되면 초기에 잘 자리 잡아야만 사회에 실질적 영향력을 가장 크게 발휘할 수 있다. 하지만 학생인권조례는 교육부의 훼방 탓에 이런 '골든타임'을 놓치고 상당수 학교 현장에선 '안 지켜도 되는 조례', '있으나 마나 한 것'으로 받아들여졌다.

학생인권조례가 '진보 교육감'의 정책으로 인식되면서 정치적 쟁점 사항이 된 문제도 있다. 가령 보수 정권, 보수 성향 교육감 치하에서는 학생인권조례가 곧바로 힘을 잃은 듯 여겨지기도 한다. 경기도에서 보수 성향의 교육감이 당선되자마자 바로 학교 교사로부터 "교육감이 학생인권조례 폐지시키지 않았나?" 하는 말이 나왔다는 일화*는, 학생인권이 이처럼 위정자의 정치 성향에 따라 좌우되는 듯한 현실을 단적으로 드러낸다. 또한 학생인권 보장이 마치 정치 성향에 따라, 지역에 따라, 학교 종류에 따라 선택할 수 있는 부수적 사항처럼 생각된다.

학생인권조례의 이러한 불완전성 속에서, 학생인권

---

* "'학생인권조례'는 법과 같은데… 법치주의 국가의 이상한 현상", 〈오마이뉴스〉, 2023년 4월 27일.

은 여전히 한국 사회에서 보편적 원칙이자 상식이 되지 못하고 있다. 학생인권조례는 학교 현장에서 인지도가 높지도 않고 학생들에게도 결코 학생인권을 잘 보장해 주는 것처럼 느껴지지 않는다. 그러나 한편에서는 학생인권조례가 마치 커다란 문제의 원인이나 골칫거리인 양, 끊임없이 진영 논리에 따른 공격의 대상이 되고 있다. 서울 지역에서 학생인권운동을 해 온 중등 교사인 조영선은 겉으로는 학생인권을 요란하게 떠들지만 실제로 학교 현장에서는 시행되지 않는 현실 속에서 학생인권이 어떻게 인식됐는지를 이렇게 요약한다.

### 학생인권조례 폐지 위기에 대한 한 단상

학생인권조례는 교사, 학생, 학부모가 잘 알고 지키면 좋고, 모르고 안 지켜도 크게 불이익은 없는 그런 법이 되어 갔다. 그러다 보니 학생인권조례를 존중하고 지키려 하는 교사는 학생을 '잡지' 못하는, 교육을 포기하는 교사라는 비난을 받았다. 교사 사회에서도 '학생인권조례 = 교육하지 말라는 소리'라는 냉소가 흘러 다녔다. (……) 학생인권이 전반적으로 신장되는 시기에도 여전히 기본적인 인권 문제를 놓고 잡니마니 하는 와중에 학교에 대안적인 문화와 관계는 자리 잡지 못했다. 이것이 교사와 학생 사이의 충돌과 갈등으로 이어져, 학생인권 존중이 교권 침해를 초래한다는 생각이 더욱 강화되었다.

《오늘의 교육》, 73(2023년 3+4월)

제도의 측면에서 이러한 한계를 인정하더라도, 학생인권조례가 불러온 가장 큰 변화는 어쩌면 학생들의 인권 의식과 주체성의 신장일지도 모른다. 학생인권조례가 만들어진 과정 자체가 십수 년에 걸쳐 학생들이 학교의 학생인권 침해에 대해 공론화하고 변화를 요구한 결과였다. 또한 학생인권조례 제정 이후, 학생들은 학교 안의 인권 침해에 대해 신고하거나 구제를 요청하여 개선을 이끌어 낼 수 있게 됐고, 한계가 많긴 하지만 학칙 개정 과정에서 목소리를 낼 수 있게 됐다. 학생인권조례 시행 직후에는 학생인권을 침해하는 학교에 항의하여 시위를 하거나 대자보(벽보)를 붙이는 등 학생들의 저항이 벌어지기도 했다. 예컨대 학생인권조

례가 최초로 제정됐던 경기도 부천의 소사고등학교에
서는 조례 시행 이후에도 제대로 학칙을 개정하지 않
는 학교에 맞서 학생들이 시위를 벌이고, 학칙 개정 과
정에 학생 의견 반영을 요구하는 모습이 나타났다.

**아무도 들어 주지 않았던 부천 소사고 학생들의 외침**

12월 23일 오전, 부천 소사고등학교에는 팽팽한 긴장이 감
돌았다. 갑작스러운 추위가 밀려온 것처럼, 모두가 예상하지
못했던 일이 벌어지려 하고 있었다.

지난 2010년 9~10월, 경기도 학생인권조례가 통과되었고,
공포되었다. 이후, 경기도 내 학교들은 생활규정을 포함한 규
정 개정을 진행했고, 그 작업은 학생인권조례안의 내용과 기
준에 맞도록 추진되어야 했다. 부천 소사고등학교 또한 그에
발맞춰 학생, 교사, 학부모 등으로 구성된 '규정개정심의위원
회'를 구성했고, 규정을 개정하는 것에 대해 학생들의 의견
을 수렴하기 위한 공청회도 진행했다. 하지만 그것은 겉치레
에 불과했다. '규정개정심의위원회'에서는 기존의 규정과 별
반 다를 게 없는 똑같이 학생들의 생활을 일방적으로 규제
하는 내용의 규정을 들이밀었고, 그것은 공청회에서 나온 학

생들의 이야기를 무시하는 일이었다. (……)

학생들 몇몇이 모여 교문 앞에서 "근조 학생인권"이라는 피켓을 들며 항의 의사를 전했다. 학생들은 규정개정심의위원회에 학생들이 참관이 가능하도록 할 것과 더불어 이 문제와 관련하여 교장과의 면담을 함께 요구했다. 그러나 몇몇 교사들이 피켓을 빼앗아 머리를 때리고 욕설을 하는 등 피케팅을 하는 학생들을 제지하였으며 '집시법 위반' 운운하며 협박을 가하는 등 무개념하고 몰상식한 모습을 보였다. 이에 분노한 학생들은 다음 날인 23일 오전, 더 많은 학생들과 함께 학교 운동장에서 10분 동안 기습적으로 '침묵시위'를 벌였다.

〈참세상〉, 2011년 1월 2일


이처럼 학생인권조례는 인권 보장을 요구하며 활동하는 사람들에게 우호적인 도구와 환경이 되어 주었고 인권 의식을 촉진시켰다. 단 몇 개 학교만이라도 이러한 운동과 변화가 일어났다는 것은 결코 그 의미가 작지 않다.

나아가 학생인권조례의 제도로서의 태생적 한계를

넘어서기 위한 방법으로 조례가 아닌 법률에 의해 학생인권을 보장하는 것을 생각해 볼 수 있다. 이는 학생인권을 특정 지역이나 교육감의 정책이 아닌 한국 사회와 교육의 보편적 가이드라인으로 만드는 한 걸음이 될 것이다.

제21대 국회(2020~2024)에서는 '학생인권법안'이 2건 발의된 바 있다. 박주민 국회의원이 대표 발의한 '학생인권법안'(「초·중등교육법」 개정안)과 강민정 국회의원이 대표 발의한 '학생인권 보장을 위한 특별법안'이다. 이 법안들의 내용은 공통적으로, 학교에서 가장 빈번하게 벌어지고 있고 명백히 사라져야 할 학생인권 침해 행위들(체벌, 두발 복장 규제, 각종 차별, 보충·자율학습 강요, 종교 강요, 성추행 등)을 금지하며, 학칙이 학생인권을 침해할 경우 지도·감독 기관이 이를 바로잡을 수 있도록 한 것이다. 학생인권 보장을 위한 교육청의 책무를 명시하고, 구제 기구 등을 모든 교육청에 두도록 한 것도 중요한 부분이다. 또한 학생 자치 활동의 자율성, 독립성과 학교의 행·재정적 지원 책무를 명시했고, 학생회가 학칙 제·개정안 발의 등을 의결할 수 있다.

「초·중등교육법」 개정안(박주민 대표 발의)은 학교운영위원회에 학생 대표가 참여할 수 있게 했다.

앞서 학생인권조례의 역사를 소개한 데서 언급했다시피 학생인권법을 만들려는 시도 역시 2006년부터 있었다. 그러나 아직 학생인권은 국회의 문턱을 넘지 못했고, 몇몇 지역의 조례가 현재 한국 사회에서 학생인권이 도달한 최고 지점이라 할 수 있다. 학생인권이 명확한 법적 기준에 의해 보장되어야 할 이유는 학교의 재량보다 학생의 인간으로서의 존엄성이 우선하기 때문이다. 교육활동은 학생의 인권을 존중하고 지키는 속에서 이뤄져야 하기 때문이다. 국회와 정부에 인권 보장의 책무가 있기 때문이다. 학생인권조례의 성과도 크지만 한계도 명백한 지금, 이제 학생인권조례의 다음 단계도 논의해 보아야 하지 않을까.

# '비非제정 지역'에서 바라보는
## 학생인권조례

진냥

지금은 학생인권조례와 관련된 쟁점으로 주로 소수자 차별과 휴대전화 압수가 대두되지만, 학생인권조례가 처음 제정됐을 때 가장 이슈가 된 것은 두발 단속 폐지였다. 당시에는 교문 앞 두발 단속이 횡행했고, 두발 자유를 요구하며 학생들이 학내 집회를 하기도 했다. 집회에 참여한 학생들에게 자퇴를 강요한 학교도 있었다.* 머리카락 정도에 지나친 의미 부여라고 생각할 수 있겠지만, 머리카락 길이까지 규제한다는 것은 사람의 몸 하나하나를 통제 아래에 두겠다는 권력의 구조를 의미했다. 학생인권 이슈에서 두발 자유가 먼저 사회적 공감대를 얻은 이유일 것이다. '두발 자유화'를 주장한 것이 청소년들만도 아니었다. 과거 현대중공업에서는 특전사나 해병대 출신 경비원들이 '바리깡'을 들고 정문에 서서 출근하는 노동자들의 두발을 검사했다. 그래서 1987년 노동자 대투쟁에서 현대중공업 노동자들이 가장 먼저 요구한 것도 두발 자유화였다.** 노동자들에 대한 두발 규제와 학생들에 대한 두발 규제가 너무나도 닮은꼴인 것을 보면, 두발 단속은 교육적 맥락이 아니라 힘과 권력으로 몸을 통제하는 것이 핵심이란 점을 확인할 수 있다. 그래서 학생인권조례에는 신체의 자유와 (개성) 표현의 자유가 명시되었고 경기 학생인권조례와 서울 학생인권조례의 제정은 아침마다 교문에 일렬로 늘어서서 온몸을 검열받는 학교의 모습을 없애는 데 크게 기여했다.

반면, 비非제정 지역의 중·고등학생들은 두발 단속이

* (앞쪽) "아직도 이런 학교가… 두발제한 항의 학생에 자퇴 강요", 〈한겨레〉, 2006년 9월 14일.
** 〈'바리깡'으로 노동자 두발 검사하던 시절…〉,《시사인》, 217(2012년 1월 7일).

나 체벌에 대해 문제를 제기했다가, "억울하면 경기도 가라"라든지 "로마에선 로마법을 따라야지"라는 말을 듣곤 했다. 청소년 스스로도 교사에게 맞고 난 후에 "에잇, 경기도로 전학 갈까?"라는 말을 했다는 사례를 흔하게 접할 수 있었다. 인권에서 지역별 격차가 생겨난 것이다. 이런 점이 지자체별로 제정되는 자치 법규인 학생인권조례가 가지는 한계다. 인권의 가장 기본적인 전제가 '보편성'인데 학생인권조례는 그 형식상 보편성을 담보해 낼 수 없는 치명적인 단점을 가지고 있는 것이다. 학생인권조례가 시행된 지 10년 이상 지난 지금, 학생 및 어린이·청소년의 인권에 대한 논의 수준, 관심 영역은 지역별로 완전히 달라졌다. 학생인권조례가 제정되지 않은 지역과 학생인권조례 시행 10년이 넘어가는 서울·경기 지역의 학생인권 의제는 완전히 구분된다. 위화감 내지는 위기감이 들 정도다.

## 학생인권조례의
## 영향력은 크다

지역별로 달라지는 상황이 자치 법규로서 학생인권조례가 가지는 한계라고 말했지만 이것은 또한 학생인권조례의 놀라운 영향력이기도 하다. 근래 들어 학생인권조례의 내용이 「헌법」이나 「교육기본법」 등 다른 법률에 대부분 있는 내용이므로 학생인권조례는 필요가 없다는 입장을 종종 접할 수 있다.* 조례는 법 체계에서 가장 하위에 존재하는 자치 법규이기 때문에 상위법을 넘어설 수 없다는 특징을 가진다. 더구나 학생인권조례는 세부적인 행정 조치를 거의 포함하지 않고 처벌 조항이 없다. 대부분의 조항이 인권 침해로부터 안전할 권리를 선언하는 방식으로 되어 있어 다른 법률에 있는 내용이라는 것도 틀리지 않은 말이다. 보편적 인권 보장은 대부분의 법률이나 국제 인권 법에서 지지하고 있기 때문이다.

---

* "학생인권조례안 이미 헌법에 보장… 제정시 행정력 낭비", 〈강원도민일보〉, 2021년 6월 18일; "학생인권조례 개정 또는 폐지돼야", 〈한국교육신문〉, 2023년 2월 24일.

그렇다면 학생인권조례가 제정된 지역이든 제정되지 않은 지역이든 학생인권은 지켜져야 한다. 이를테면 우리나라 「헌법」상 모든 사람은 신체의 자유를 가지므로 헤어 스타일을 결정할 자유 또한 가진다. 따라서 학생인권조례 비제정 지역에도 학생의 머리 길이는 자유로워야 한다. 그러나 현실은 다르다. 학생인권조례가 제정된 지역부터 학생들의 머리 길이가 자유화되기 시작했고 비제정 지역에서는 여전히 교문 앞 두발 단속이 수년간 지속되었다. 학생인권 침해 사건이 발생했을 때 학생인권조례가 제정되어 있는 지역에서는 교육청에 인권 전담 부서나 학생인권 침해 사안 대응 부서가 있어 신고를 받고 조치를 할 수 있지만, 학생인권조례 비제정 지역에는 인권 전담 부서가 존재하지 않는다. 비제정 지역에서도 인권의 진전은 이루어지지만, 조례가 없어도 상위법에 따라 학생인권 보장의 원칙을 적용받을 수 있다지만, 현실에서 구체화되는 것에는 큰 차이가 있는 것이다. 정말로 학생인권조례의 내용이 상위법에 모두 포함되어 있어 제정될 필요가 없다면, 왜 학생인권에 대한 전격적 조치가 비제정 지역에서는 10년

이 넘는 기간 동안 단 한 번도 이루어진 적이 없는 것일까? 해마다 발간되는 학생인권 침해 대응 사례집 발간 단체 목록에는 17개 시도교육청 중 절반 정도의 이름만 적힌다. 이름이 없는 시도교육청은 모두 학생인권조례 비제정 지역이다. 이 지역들은 어째서 학생인권 침해 대응 사례를 축적하고 공유하지 않을까? 학생인권조례가 없어도 「헌법」과 「교육기본법」에 따라 학생인권을 보장해야 한다고 하지만, 왜 이렇게 가시적이고 적극적인 학생인권 보장 노력들은 늘 학생인권조례 제정 지역을 중심으로 보이는 것일까? 학생인권조례 제정 지역에는 학생인권 담당관, 학생인권교육 전문 강사, 학생인권 전담 부서, 학생인권 예산 그리고 그 밖의 여러 가지 학생인권 옹호 제도들이 공식적으로 존재한다. 그것이 주는 안전과 존중의 무게는 학생들에게 그리고 교사에게 얼마나 큰 차이일까. 이것이 지난 십몇 년간 우리가 목격해 온 학생인권조례의 효과이자 기능인 것이다.

## 방방곡곡 다른
## 학생인권조례

2010년 전후로 전국적으로 학생인권조례 제정 운동이 폭발적으로 이루어졌다. 당시 보수 교육감들조차도 학생인권에 관해서 무언가 액션을 보여야 한다는 압박이 컸을 정도로 학생인권 보장의 당위성이 사회적으로 이야기될 때였다. 지역별로 다급하게 조례 내용이 구성되기도 했고, 이미 제정된 경기 학생인권조례가 일종의 기준처럼 여겨지기도 했다. 이렇게한 가지 의제가 전국적으로 조례로 제정되는 경우 대부분 중앙 정부의 제시안대로 똑같이 만들거나 처음 제정된 지역의 조례안을 가져와서 지역 이름 정도만바꾸어 만든다. 환경교육에 대한 지역별 조례나 인권기본조례 역시 그러하다.

하지만 매우 흥미롭게도, 학생인권조례는 지역마다 달랐다. '다른 지역 다 하는데 우리도'를 넘어서 각 지역 사회의 맥락이 맞닿아 제정 운동이 진행되었다. 종교 사학이 많은 전북은 사립 학교 학생들도 종교의 자유를 보장받을 수 있도록 하는 내용이 쟁점이 되었다.

광주의 학생인권조례에는 학생의회를 구성하는 내용이 포함되었다. 광주 학생인권조례의 학생의회 관련 내용은 청원권 보장 조항과도 연계된다. 대부분의 학생인권조례에서 청구권 보장(인권 침해를 겪었을 때 이에 대한 지원을 받을 수 있도록 하는 것)이 포함되어 있는데 광주의 경우에는 "제22조(청원할 권리) ① 학생은 인권 침해에 대해서 청구 또는 청원을 할 권리를 가지며, 인권을 옹호하고 자신 및 타인의 인권을 되찾기 위한 활동으로 인하여 불이익을 받지 아니한다"라고 하여 청원권까지 보장하고 있다. 청원은 개별 사안을 넘어서서 법과 제도, 사회 전체의 변화를 촉구하는 정치적 행위로 「헌법」 제26조에서 "모든 국민은 법률이 정하는 바에 의하여 국가 기관에 문서로 청원할 권리를 가진다"라고 명시하여 모든 국민에게 보장하고 있다. 그러나 광주 학생인권조례는 「헌법」의 '문서로 청원할 권리'에서 좀 더 나아가 학생들이 다른 지원들을 받아 '청원할 권리'를 가지며 관련한 불이익을 받지 않게 보호하는 내용을 포함하여, 인권적으로 그리고 정치적으로 취약한 학생 집단의 청원권을 보완한 것이다.

차별받지 않을 권리 역시 차이가 있다. 모든 학생인권조례에 차별받지 않을 권리 조항이 포함되어 있지만 세부 내용은 조금씩 다르다. 서울과 경기, 충남, 광주 학생인권조례에서는 성적 지향에 따른 차별 금지 내용이 모두 포함되어 있지만 가장 먼저 제정되었던 경기 학생인권조례에는 성별 정체성에 대한 조항이 명시되어 있지 않다. 전북의 경우에는 "제8조(차별을 받지 않을 권리) ① 학생은 국가인권위원회법 제2조 제3호의 차별행위의 정의에 해당하는 이유로 차별을 받지 아니한다"라는 우회적인 방법으로 나타내었다. 이런 차이는 왜 저 지역에는 있는데 우리 지역에는 없느냐고 인

| 지역 | 성별 | 종교 | 임신 출산 | 가족 형태 | 인종/ 민족 | 사상 | 성적 지향 | 성별 정체성 | 질병력 | 징계 | 학업 성적 |
|---|---|---|---|---|---|---|---|---|---|---|---|
| 제주 | ○ | ○ | – | ○ | ○ | – | – | – | – | ○ | ○ |
| 광주 | ○ | ○ | – | – | ○ | ○ | ○ | ○ | ○ | – | ○ |
| 경기 | ○ | ○ | ○ | ○ | ○ | ○ | ○ | – | ○ | ○ | ○ |
| 서울 | ○ | ○ | ○ | ○ | ○ | ○ | ○ | ○ | ○ | ○ | ○ |
| 충남 | ○ | ○ | ○ | ○ | ○ | ○ | ○ | ○ | ○ | △ (실효된 징계) | ○ |

권 보장의 책무를 가진 정부(시도교육청)에 요구하게
한다. 인권의 내용과 기준에 대해 사회적 논의의 장을
열 수 있도록 만드는 것이다.

## 학생인권 의제가 가시화되는
## 비제정 지역

　이러한 차이는 비제정 지역에도 영향을
끼쳤다. 학생인권조례 제정 운동을 하면서 또는 조례
안을 발의하면서, 각 지역에 있어 온 운동의 역사와 고
민을 담아 차별성 있는 내용을 만들어 내고자 하는 노
력들이 이루어졌다.

　대구의 경우는 학생 간 폭력이 여러 사건들로 부각
되고 학교 내 폭력에 대한 고민이 대구 시민 한 사람,
한 사람에게 생기기 시작하면서 학생인권조례 안에도
폭력이 금지되는 학교 그리고 학교에서 꿈꿀 수 있는
평화가 어떤 모습인지에 대한 고민이 담겨야 한다는 의
견이 대두되었다. 또한, 대구는 장애인권운동에 앞장서
왔고, 역동적인 역사를 가진 지역이다. 활동하고 있는

단체 수도, 헌신적으로 활동하고 있는 활동가의 수도 많고 그 성과나 진정성도 지역의 지부심이 될 정도다. 그래서 대구 학생인권조례안에도 장애인권에 대한 내용을 다른 지역 조례보다 훨씬 더 풍부하고 근본적으로 담아내고자 시도했다. 경남의 경우에는 학교에 녹지 공간으로서 숲을 반드시 확보하여야 한다는 내용을 포함하여 생태에 대한 고민을 학생인권조례 발의안에 담아냈다. 경남 학생인권조례 발의는 세 차례나 이루어진 만큼 각각의 발의안이 차별성을 가지는데, 가장 마지막인 2019년 발의안은 2018년 공론화된 스쿨 미투 운동이 반영되어 '성인권교육의 보장' 내용도 있었다. 또, 학교 노동인권교육 및 노동권 교육 실시와 함께 '학생에게 노동을 강요할 수 없다'는 내용이 명시되어 있었다. 그래서 만약 경남 학생인권조례가 제정되었다면 제조업이 집중되어 있고 전문계고 학생들이 많은 지역인 만큼, 현장실습생 인권 보장에 대해 매우 유의미한 진전이 이루어졌을 것이라는 아쉬움도 있다. 2022년 주민 발안을 시도했던 강원 학생인권조례안에도 기후위기와 녹지 공간에 관한 환경권, 기숙사 생활에 관한 내용을 포함한 주거권 등의 내용이 담겼다.

우리 사회에 학생인권조례가 만들어짐으로써, 학생인권조례를 제정하지 못한 지역들에서도 학생인권 의제가 가시화되는 효과가 생겼던 것이다. 더불어 비제정 지역에서 가시화된 학생인권 의제는 이미 학생인권조례가 있는 지역에서도 그 지역의 조례에 없는 내용들을 더하기 위한 운동을 해야겠다는 고민으로 이어졌다. 서울 학생인권조례 주민 발의 과정을 보며 경기 학생인권조례를 더 낫게 개정하는 운동을 할지가 논의되었던 것처럼 말이다. 이는 학생인권조례 제정 운동이 동일한 이슈, 동일한 요구로 전국 각 지역에서 학생인권이 두루두루 보장되도록 하는 운동인 동시에, 각 지역의 고민과 그간의 노력들이 반영되어 인권의 개념을 점점 확장시켜 나가는 과정이었다는 뜻이기도 하다. 특히 학생인권조례는 교육감이 발의한 경우에도 지역의 시민사회단체는 물론 개개인의 관심과 실천이 활발하게 작용하곤 했다. 즉 학생인권조례 제정 과정 자체가 일종의 사회적 학습이 되고, 역사적 경험으로서 공유되고 있다는 것이다. 교육이 국가적으로 굉장히 중요한 공적 영역이고 한국 사회에서 가장 관심이 집중되는 부분이지만 학생인권조례와 같이 각 지역에서 서로 다른 쟁점들이 뚜렷이 가시화되면서 개개인들이 논쟁하고 찬반을 표하고 움직이는 사례는 한국의 민주주의 역사에서 찾기 쉽지 않다. 교육 관련 법 제정 과정에서는 최초라고 해도 과언이 아니다. 즉, 한국의 민주주의, 특히 지방 자치의 새로운 모델을 학생인권조례 운동이 제시하고 있는 것이다.

## 비제정 지역도 변화시킨 학생인권조례

학생은 배우는 사람이며, 그 정의에서부터 역할과 책무로 규정되어 있다. 그런데 학생인권조례는 학생이라는 말에 '~을 해야 한다'가 아니라 '~의 권리를 가진다', '~의 보장을 누릴 수 있어야 한다'라는 말을 붙이는 사회적 전환이다. 사람의 인식은 행정 구역별로 분절되지 않는다. 제정 지역에서 비제정 지역으로, 또 다른 지역으로 인식은 확장되고 권리 의식은 강화된다. 학생도 사람이며, 사람은 각자 생각을 가질 수 있고 존중받아야 한다는 선언, 그리고 학교를 새롭게 변화시켜야 한다는 패러다임은 학생인권조례 비제정 지역에도 자리 잡았다.

한국의 교육은 지덕체라는 인간의 전인적 발전과 민주시민의 양성이라는 사회적 역할 수행을 그 목표로 밝히고 있다. 하지만 현실은 모두 알다시피 입시 교육 일변도에 경쟁적 문화가 팽배해, 학교는 교사도 학생도 그저 견뎌야만 하는 공간이다. 야만적인 학교, 삭막하기만 한 세상 속에서 어쩌면 당연하게도 야만적인(혹은 그렇게 변화할지도 모르는) 청소년들에 대한 해결책으로 '인성'이 강조되었다. 거칠게 표현하자면 '교육을 통해서 못된 녀석들을 착하게 만들어야 한다'라는 논리라고 할 수 있을 것이다. 인성교육이 법제화되고 다문화 교육, 장애 이해 교육, 학교폭력 예방 교육, 성폭력 예방 교육 등이 교육과정 내로 편입되었다. 이 교육들은 학생의 권리로서 접근되기보다, 학생들이 '일으킬지 모르는' 문제를 예방하기 위한 목적으로 도입되었다. 결국 학생의 '능력'을 키워 문제를 해결하겠다는 접근이라는 점에서 입시 교육과 유사한 구조라 할 수 있다. 반면 사회적, 공적 해결에 대한 접근은 여전히 부재하다.

이 과정에서 학생에 대한 억압은 더 강화될 수밖에 없다. 어떤 사람들은 과거보다 교육이 인권적으로 변화했다고 말하며 그 이유로 교육이 개인 맞춤형으로, 다양하게 이루어진다는 점을 이야기하지만, 개인화/다양화는 개개인 학생들의 특성과 적성에 맞게 교육과정을 적용한다는 의미이지 학생의 선택권을 의미하지는 않는다. 학생에게 주어지는 선택권은 기껏해 봤자 과목이나 학교를 선택하는 것 정도다. 게다가 일단 과목을 선택하고 나면 학생이 학습에 관해 결정 권한을 행사할 수 있는 순간은 거의 없다. 교사가 학생의 모든 특성과 적성을 완벽하게 파악하여 그에 딱 맞는 교육활동을 구안해 냈다고 가정하더라도 그 학생이 원치 않으면, 혹은 학생이 지금 당장 '발달'을 원하지 않고 머무르고 싶어 한다면, 그래서 하지 않겠다고 '결정'했다면 어떻게 해야 할까. 지금의 학교는 학생이 결정할 기회도 보장하지 않고 학생의 결정을 반영할 수 있는 제도도 가지고 있지 않다. 그러한 결정 권한을 학생이 가질 수 있는지에 대한 합의도 존재하지 않는 것이 학교의 현황이다.

학생인권조례는 그러한 강요와 표준화된 방식에서 학교를 그리고 교육을 바꾸어 내고자 하는 시도였고 이는 학생인권조례가 제정되지 않은 지역에도 영향을 끼쳤다. 본질적으로 학생인권조례는 교육이 어린 사람들을 입맛대로 조형하는 것이라는 생각 그리고 어린이·청소년들은 그렇게 만들어 주는 대로 자라야 한다는 사회적 억압과 싸워 왔다(진냥, 2021).

학생인권조례가 제정 지역이든 비제정 지역이든 관계없이 끼친 큰 파급 효과가 또 하나 있다. 학생인권조례는 학교 내의 일을 해결하는 절차를 학교 외부에 만든다. 또한 문제 해결을 학교에만 맡겨 두지 않고 외부에서 개입하는 형태(인권센터, 옹호관 제도 등)를 가지고 있다. 그간 학교에서 터져 나오는 여러 문제/사건들을 학교가 책임지고 다 알아서 해결해야 했던 구조는 문제 해결을 불가능하게 할 뿐만 아니라 학교 및 교사들에게 온당치 않은 과도한 책임을 지우는 것이기도 했다. 학생인권조례는 인권 침해 사안에 대해 학교 외부의 개입을 법제화한 첫 법적 근거였다. 어떻게 보면 올해부터 도입된 학교폭력 전담 조사관 제도도, 교육청으로 옮겨 간 교권보호위원회도 학생인권조례의 옹호관 제도가 바탕이 되어 만들어질 수 있었다.

차별을 이야기할 때 흔히 인용되는 '기울어진 운동장'이라는 표현은 단지 불평등만을 의미하지 않는다. 기울어진 운동장에서 공을 차면 항상 한쪽으로만 공이 간다. 기울어진 운동장에서 달리기를 공평하게 할 수 없는 차별적 상황과 더불어, 날아오는 공에 맞는 사람들도 항상 정해질 수밖에 없다. 즉, 사회의 불평등은 특정 집단에게 인권 침해와 통제, 폭력, 부당함이 집중되게 만듦을 의미하는 것이다. 그래서 인권을 이야기할 때에는 두 가지를 모두 고려해야 한다. 인권은 법이나 제도가 없더라도 보장되어야 한다는 것, 그러나 인권이 보장되지 않는 환경에서 인권 침해는 보다 취약한 집단에게 집중되기 때문에 그를 보완하는 제도가 필요하다는 것. 학생인권조례가 학생에게도 인권이 있다는 선언이었지만, 학생인권조례가 생겨서 학생에게 인권이 주어진 것은 아니다. 학생인권조례가 제정되지 않은 지역에서도 너무나 당연하게 모든 사람에게 그리고 학생들에게 인권은 보장되어야 한다. 학생인권 조례는 학교에서 학생들이 언제 인권 침해에 취약해지는지, 그리고 인권 보장에 대해 구체적으로 어떤 책무를 다해야 하는지를 보여 주는 것뿐이다. 비제정 지역에도 말이다.

# 학생인권조례는
# 폐지될 수 없다

진냥

---

학생인권조례는 전국 16개 시도교육청 가운데 경기도가 2010년 10월 5일 가장 먼저 공포하였고, 이후 광주광역시(2011년 10월 5일), 서울특별시(2012년 1월 26일), 전북특별자치도(2013년 7월 12일), 충청남도(2020년 6월 26일), 제주특별자치도(2021년 1월 8일)가 학생인권조례를 공포했다. 그리고 2024년 6월 현재, 충남과 서울, 광주에서 학생인권조례가 폐지되었거나 폐지 시도가 이루어지고 있다.

# 학생인권조례 폐지 타임라인

## 충남 학생인권조례

**2023. 12. 15.** 충남도의회 본회의에서 박정식 도의원(국민의힘) 등 25명이 공동 발의한 '충남 학생인권조례 폐지 조례안' 표결. 재석 의원 44명에 찬성 31명, 반대 13명으로 가결.

**2024. 1. 3.** 김지철 충남 교육감, 충남 학생인권조례 폐지안 재의 요구.

**2024. 2. 2.** 제349회 임시회 본회의에서 충남 학생인권조례 폐지 재의 안건 표결. 재석 의원 43명에 찬성 27명, 반대 13명, 기권 3명으로 재의 안건 통과 기준인 출석 의원 3분의 2 이상 찬성 요건을 넘지 못하여 폐지안 부결.

**2024. 2. 21.** 충남도의회 국민의힘 의원들, 폐지안 재발의.

**2024. 3. 19.** 제350회 임시회 제3차 본회의에서 박정식(아산3·국민의힘) 의원이 대표 발의한 충남 학생인권조례 폐지 조례안을 재석 의원 34명에 찬성 34명으로 가결(더불어민주당 의원들은 "역사에 오점이 남는 표결은 하지 않겠다"라며 본회의장을 떠나 반대 표는 없었음), 충남 교육

감이 다시 재의 요구.

2024. 4. 24. 충남도의회는 본회의를 열고 '학생인권조례 폐
지 조례안 재의의 건'을 표결. 재석 의원 48명 중 찬성
34명, 반대 14명으로 가결. 충남도의회가 학생인권조
례 폐지를 위해 표결을 시도한 것은 이번이 네 번째로,
재의안 가결 요건은 재적 의원 과반수 출석과 출석 의
원 3분의 2(32명) 이상 찬성임.

2024. 5. 13. 충남 교육감, 대법원에 학생인권조례 폐지조례안
재의결 무효 소송 제기 및 집행 정지 신청. 집행 정지
가 받아들여져 2024년 6월 현재 효력을 유지 중.


서울 학생인권조례

2021. 12. 28. 보수단체가 서울시의회에 6만 4,000여 명의 주
민 서명을 받아 서울 학생인권조례 폐지 청구인 명부 제
출. 폐지 청구 이유로 "학생인권조례는 소위 혐오 표현
을 금지하고 종립학교의 종교교육의 자유의 본질적 내
용을 침해하는 등 헌법이 보장하는 표현의 자유와 종교
의 자유, 부모의 교육권 등을 침해한다"라고 주장.

2023. 3. 13. 서울시의회에서 청구인 명부 검증 후 서울시의회

의장이 발의.

2023. 12. 서울시의회가 폐지안을 교육위원회에 상정하려다 서울 행정 법원이 시민단체의 집행 정지 신청을 받아들이면서 제동이 걸림. 이후 서울시의회는 특위에서 의원 발의 형태로 학생인권조례 폐지를 재추진.

2024. 4. 26. 서울시의회는 제323회 임시회 제3차 본회의를 열어 '서울시 학생인권조례 폐지조례안'을 상정, 재석 의원 60명 전원의 찬성으로 통과. 더불어민주당 소속 시의원들은 상정에 반대한다며 표결에 참여하지 않음. 같은 날 학교 구성원의 권리 및 책임 부분이 추가된 '서울특별시교육청 학교구성원의 권리와 책임에 대한 조례안'도 본회의에서 통과.

2024. 5. 16. 조희연 서울시 교육감 서울 학생인권조례 폐지 재의 요구.


광주 학생인권조례

2024. 4. 19. 보수단체가 광주시의회에 1만 366명의 주민 서명을 받아 광주 학생인권조례 폐지 청구인 명부 제출. 폐지 청구 이유로 "학생인권조례가 학생의 권리만 강

조하고 한계와 책임이 없어 결과적으로 교사가 학생을 통제할 수 없게 만들었고, 광주 학생의 학력이 갈수록 떨어지고 있으며 성 정체성의 혼란을 일으키고 있다"라고 주장.

**2024. 5. 3.** 광주시의회가 광주학생인권조례 폐지 주민조례 청구안의 명부 공표.(5월 13일까지 조례 폐지에 대한 의견을 받은 후, 청구인들이 실제 광주광역시에 거주하는지를 확인해 주민조례 청구 요건을 충족했는지를 판단하여 수리나 각하하게 됨. 폐지안이 수리되면 1년 이내에 시의회에서 의결해야 함.)


인권은 피와 눈물로 얼룩진 말이지만 또 한편으로는 매우 긍정적인 언어이기도 하다. 굉장히 드물게도 진전만을 거듭한 언어이기 때문이다. 두 차례에 걸쳐 벌어진 세계 대전이 국가와 평화라는 말을 일부 후퇴시키고 왜곡시킨 것과는 다르게, 그리고 한국전쟁과 분단 상황이 국가 안보라는 말을 오염시키고 뒤틀어 놓은 것과는 대조적으로, 인권이라는 언어는 참으로 꾸준히 발전해 왔다. 인권 상황이 후퇴할지언정 인권이라고 인정된 것이 추후에 그것은 인권이 아니라고 왜곡되거나 부정당한 예는 극히 드물다. 인간의 권리라는 것은 지각하고 나면 결코 지워지지 않기 때문이다. 흔히 '인권 감수성'이라 부르는 이 감각은 사막에서 나고 자란 사람이 바다를 한번 보고 나면, 하늘에서 내리는 눈을 한번 맞고 나면 그 사람의 세계 자체가 달라지는 것과 다를 바 없다. 누가 가르쳐 주고 설명해 줄 필요 없이 보고 냄새 맡고 부딪히고 느끼는 그 순간 인간 내면에 이미 존재하던 것처럼 인권이라는 감각은 불거져 나온다. 그래서 인권은 실체성을 가진 감각이다(이희진, 2015). 그야말로 우리는 "이전으로 돌아갈 수 없다".

학생인권조례 역시 마찬가지다. 이미 우리 사회는 학생인권조례를 경험했고 감각했기 때문이다. 그런 의미에서 오동석 등 인권 법학자들은 인권조례 폐지안은 법적으로 상정될 수 없다고도 주장한다(충청남도 인권위원회, 2018). 기본적으로 법 체계는 권리의 보장을 위해 존재한다. 서로의 권리가 상충되거나 갈등될 때조차도 법 체계는 권리의 보장을 위해 존재한다. 그 갈등과 충돌을 조절하고 모든 대상의 권리를 최대한 보장하기 위한 제도를 마련하는 것이 법이다. 때문에 권리의 퇴행은 법적 절차로 진행하더라도 의미가 없고 법·제도의 본질적 의미에 부합하지 않는다는 것이다.

무엇보다 행정 절차상 폐지 절차가 진행된다 하더라도 학생인권조례가 그간 이루어 온 인권의 역사는 퇴행될 수 없다. 학생인권조례 폐지를 둘러싸고 여러 사회 구성원들이 대립하는 것을 봐서도 알 수 있듯이, 학생인권조례는 법률적 장치 이상의 의미를 가지기 때문이다.

먼저 학생인권조례는 학생들이 주체로서 존중받아야 한다는 사회적 인식을 확산하는 데 중요한 역할을 했다. 무엇보다 학생 당사자들의 인식을 변화시켰다. 학생인권조례는 학생들이 교육의 주체이며, 자신의 권리를 행사하고 존엄성을 유지할 자격이 있다는 인식, 즉 학생이 권리 행사와 권리 청구의 주체라는 인식을 널리 퍼뜨렸다. 이 감각은 학생인권조례가 폐지되더라도 사라지지 않을 것이다.

또한, 학생인권조례는 학생이 받는 인권 침해를 예방하고 구제하며 피해자를 보호하는 조치를 해야 하는 교육 당국과 학교의 책무를 온 사회가 감각하게 했다. 학생인권조례가 없던 시절에도 학생이 학교 내에서 겪은 인권 침해 사안에 대응할 수 있는 방안 자체는 존재했다. 하지만 그것이 제도적으로 대응할 일이라는 인식이 별로 없었다. 학생이 학교에서 체벌이나 폭언을 겪거나, 운동 경기에 관객이나 공연자로 동원되거나, 학생의 민감한 개인정보가 유출되더라도, 그냥 넘어가거나 누군가의 개인적 일탈로, 즉 사적인 문제로 여겨지기 일쑤였다. 학생인권조례는 어린이·청소년이 학교 안에서 마주하게 되는 인권 침해가 개인적 문제가 아니며 사회적으로 제도적으로 대응하고 재발 방지를 위해 교육 당국과 학교가 책무성을 가지고 임해야 한다는 것을 상식으로 만들었다. 교육 체계 전반에서 학생인권을 고려하게 된 것이다.

광주 학생인권조례는 아예 "제3조의2(다른 조례와의 관계) ① 학생의 인권과 관련한 다른 조례를 제정 또는 개정하는 경우에는 이 조례의 내용에 부합되도록 하여야 한다. ② 학생인권의 보호 및 증진에 관하여 다른 조례에 특별한 규정이 있는 경우를 제외하고는 이 조례에서 정하는 바에 따른다"라고 규정하기도 하였다. 이런 과정이 바탕이 되어 '학생선수 학습권 보장 및 인권보호 조례'도 뒤이어 제정되었고, 학생인권조례가 없는 지역에서도 감사관실 등에서 학생인권 침해 사안에 대응하고 피해자를 구제하기 위한 제도를 갖추게 되었다.

더불어 학생인권조례는 학교 사회의 차별에 대한 감각을 보다 예리하게 만들었다. 차별받지 않을 권리 조항은 학생인권조례 제정 시도 때마다 가장 치열한 쟁점 중 하나가 된다. 한국은 압축적 근대화를 경험하며 인간의 보편적 평등을 선언하는 과정을 경험하지 못했다. 신분 해방 운동이 시도되었으나 식민 치하에서 모두가 2등 국민으로 강등되었고, 해방 이후에는 국가의 분단과 전쟁이 이어졌다. 평등에 대한 사회 전체적 인식이 형성되기 전에 국민 의무교육이 자리 잡게 되었다. 조선 말에도 신분 구분은 뚜렷했다. 교육의 기회역시 평등하지 않았다. 국가 교육 제도가 도입되었지만 교육이 평등해야 한다는 인식은 교육 제도에서 고려되지 않았다.

한반도 역사상 처음으로 제안된 의무교육안은 1906년의 '의무교육조례대요'다. 이 안은 대한제국 내각 회의에서 통과되었으나 일제 통감부가 국권 회복 운동의 일환이라고 중지시켜 국가 수준에서 실현되지는 않았다(진냥, 2021). 이 안은 대한제국의 만 7세 이상의 모든 아동에게 의무교육을 실시하는 것을 제안했다는 것에 교육사적 의의가 있다. 하지만 시대적 한계도 뚜렷하여 남성 청소년은 만 15세까지, 여성 청소년은 만 8세까지로 의무교육을 한다는 내용이었다. 그뿐일까. 지금까지도 한국 교육은 학업 성적에 따른 다른 처우를 전제하고 있다. 심지어 「헌법」에서조차 "모든 국민은 능력에 따라 균등하게 교육을 받을 권리를 가진다"라고 명시하고 있다. 이 조문은 교육의 평등권을 이야기하고 있는 것으로 학습자의 특성과 개성에 맞게 평등한 교육이 제공되어야 한다는 것으로 해석될 수 있지만 동시에 능력주의적 교육 제도를 전제하고 있는 것으로도 해석된다. 무엇이 옳다 그르다를 떠나 「헌법」에 명시된 능력에 따른 평등 외에 학교가 평등해야 한다는 법·제도적 선언이 없었음을 생각할 때, 학생인권조례의 차별받지 않을 권리 조항은 한국 교육사의 분기점이다.

누구든 학생인권의 보장이 덜 중요하다고 말할 수 없는 사회가 되었다. 학생인권 보장의 필요성을 부정하지 않으면서도 학생인권조례 폐지를 주장하는 사람들은 법 체계의 논리를 내세우기도 한다. 학생인권조례는 「헌법」상 모든 국민에게 보장된 인권을 학생의 이름으로 한 번 더 강조한 것이기 때문에 학생인권조례가 없이도 학생의 인권을 보호할 수 있다, 오히려 추가적인 조례 제정이 여러 갈등과 소모적인 문제를 만들어내고 있다는 등의 논리다. 사실 차별받지 않을 권리 조항에 열거된 내용들도 「국가인권위원회법」에 규정되어 있는 내용과 유사하다. 전북 학생인권조례에는 해당 조항이 "학생은 국가인권위원회법 제2조 제3호의 차별행위의 정의에 해당하는 이유로 차별을 받지 아니한다"라는 문구로 되어 있기도 하다. 그래서 다른 법에 같은 내용들이 다 있다면 학생인권조례가 굳이 왜 있어야하냐는 지적이 맞는 것 같아 보이기도 한다.

하지만 바로 이 부분이 학생인권조례의 필요성이자 의미다. 「헌법」에, 「국가인권위원회법」에, 다른 법령에 다 명시되어 있어도 학생인권조례로 또 제정해야 했던 이유는 학교라는 공간이 그만큼 인권 보장에 취약하기 때문이다. 한국은 매번 유엔의 국제 인권 기구로부터 어린이·청소년 인권 실태가 개선되어야 한다고 권고를 받는 나라다. 어린이·청소년들의 권리가 지나치게 제한되고, 학업 강요가 살인적인 수준이기 때문이다. 한국의 어린이·청소년은 입시 경쟁 외에도 정치적, 사회적, 문화적, 경제적 권리가 국제적으로 과도하게 제한되는 나라다. 또, 전 국민이 알고 있듯이 한국의 10대 자살률은 엄청나게 높고 공적 안전망은 제대로 작동하지 않는다. 삶의 불안정성은 교육을 계급 상승의 사다리로 여기게 하고, 학교와 교사들에게 필요 이상의 엄격함을 요구하게 만든다. 학교교육에서 실수하게 되면 이후의 삶이 큰 타격을 받으니 학생과 보호자들은 혹여나 하나라도 실수할까 봐, 불이익을 받을까 봐 날을 세우고 다른 학교 구성원들을 대하게 된다. 학생인권이 과잉한 것이 아니다. 오히려 인권이 부족한 것이다. 「헌법」에든 다른 법에든 적혀 있는 그 보편적인 인권이 실제론 보장받지 못하는 사회이기 때문에, 학교에서 특히 더 보장되지 않고 학생들이 인권 침해에 더 취약하기 때문에 별도의 법 체계가 필요한 것이다. 그래서 학교에는 더 많은 평등과 인권이 필요하다.

이 필요성은 학생인권조례가 폐지되든 존속되든 사라지지 않을 것이다. 아니, 오히려 강화될 것이다. 서울 학생인권조례 폐지안이 통과되자마자 채 1주일도 지나지 않아 서울의 한 중학교에서 두발 단속 계획을 공문으로 만들어 올렸다고 한다. 많은 사람이 그 기사를 보고 쓸데없는 데 지나치게 부지런하다고 학교를 비웃었다. 우리는 다시 청소년들의 머리 길이를 자로 재고 '바리깡'으로 밀고 성적순으로 학급을 구성하고 임신한 학생을 퇴학시킬 것인가? 아니다. 그럴 수 없다. 역사의 진보에서 대부분의 적폐는 부정되기보다 낙후되었다. 두발 단속 같은 일들은 옳다 그르다 하는 판단 이전에 이미, 우습거나 후진 일로 여겨지고 있다. 학생인권 조례가 변화시킨 역사는 우리의 감각에 이미 깃들었고 학교의 인권적 변화는 중단되지 않을 것이기에 학생인권조례는 폐지될 수 없다. 이 글의 서두에 썼듯이, 우리는 이전으로 돌아갈 수 없기에.

**단행본**

공현·둠코(2016),《인물로 만나는 청소년운동사》, 교육공동체 벗.

공현·전누리(2016),《우리는 현재다 - 청소년이 만들어온 한국 현대사》, 빨간소금.

김민아(2010),《인권은 대학 가서 누리라고요?》, 끌레마.

김종엽·정민승(2019),《입시는 우리를 어떻게 바꾸어놓았는가》, 교육과학사.

배경내(2000),《인권은 교문 앞에서 멈춘다》, 우리교육.

앙리 르페브르, 양영란 옮김(2011),《공간의 생산》, 에코리브르.

인권교육센터 들 기획(2011),《인권, 교문을 넘다》, 한겨레에듀.

인권교육센터 들(2018),《인권교육 새로고침》, 교육공동체 벗.

임혜지(2009),《고등어를 금하노라》, 푸른숲.

조영선(2020),《학생인권의 눈으로 본 학교의 풍경》, 교육공동체 벗.

Hoskin, K.(1990), Foucault under examination: the crypto-educationalist unmasked. In S. J. Ball(Ed.), *Foucault and education: disciplines and knowledge*, Routledge. 이우진 옮김(2007),《푸코와 교육》, 청계.

**논문·보고서·간행 자료**

김상원 외(2020), 〈제2차 서울 학생인권 실태조사 연구용역 보고서〉, 서울특별시교육청·국제아동인권센터.

김연주·나영정(2013), 〈서울학생인권조례 제정운동을 통한 시민권의 재구성 : 연령과 섹슈얼리티를 중심으로〉, 《기억과 전망》, 28, 312~358.

김위정·김종우·이가람(2022), 〈2022 경기도 학생인권 실태조사〉, 경기도교육연구원.

김현수 외(2016), 〈학교생활에서 학생의 인권보장 실태조사〉, 국가인권위원회·한양대학교 산학협력단.

난다·공현·피아(2021), 〈지속가능한 청소년인권운동을 위한 전·현 활동가 연구 : 계속하는 마음, 그만하는 마음〉, 서울시NPO지원센터.

남미자 외(2021), 《생태문명으로의 전환과 새로운 교육 패러다임》, 경기도교육연구원.

류은숙(2020), 《대한민국 인권 근현대사 - 4 인권운동사》, 국가인권위원회.

박종훈(2021), 〈학생인권조례 10년, 그 성과와 한계 : 소위 '학생인권법' 제정 논의에 부쳐〉, 《인권연구》, 4(2), 125~175.

박환보(2021), 〈학생인권조례 시행이 학교의 인권환경 조성에 미치는 영향 분석〉, 《교육사회학 연구》, 31(1), 31~57.

배경내(2011), 〈학생인권조례에 대한 두려움과 망설임이 의미하는 것〉, 《오늘의 교육》, 창간준비호(2011년 1·2월), 교육공동체 벗.

배경내(2012), 〈학생인권, 열망에서 법적 현실로 : 학생인권 보장 입법의 중요성〉, 《서강법률논총》, 1(2), 87~112.

송기춘(2012), "올해도 학생인권조례는 제정되지 못하나", 〈평화와인권〉, 2012년 10월호, 전북평화와인권연대.

윤종(공현)(2011), 〈우리 모두, 바동거립시다 : 서울시 학생인권조례 주민 발의 과정에 대한 평가〉,《오늘의 교육》, 3(2011년 7·8월), 교육공동체 벗.

이희진(2015), 〈인권교육의 대안적 접근 : 계몽에서 탐색으로〉,《인권이론과 실천》, 17, 93~108.

이희진(2020),《학교공간혁신 사업 평가지표 개발 : 2020년 경남교육정책 연구보고서 6권》, 경상남도교육청 교육연구정보원.

조영선(2023), 〈학생인권조례 폐지 위기에 대한 한 단상〉,《오늘의 교육》, 73(2023년 3·4월), 교육공동체 벗.

진영종 외(2007), 〈인권 친화적 학교 문화 조성을 위한 지침서〉, 국가인권위원회·성공회대 인권평화센터.

진영종 외(2009), 〈학생인권 보장을 위한 경기도 조례안 개발연구〉, 경기도교육청.

진냥(이희진)(2021), 〈학생인권조례는 무엇에 저항해 왔는가 : 학생인권조례로 본 인권 제도화의 역사〉,《오늘의 교육》, 62(2021년 5·6월), 교육공동체 벗.

진냥(이희진)(2021), 〈사립 학교를 공립화하는 게 해결일까?〉,《오늘의 교육》, 63(2021년 7·8월), 교육공동체 벗.

청소년인권행동 아수나로(2009), 〈2008년 이후(이명박 정부 이후) 중고등학생인권 실태조사 결과〉.

추병완(2000), 〈구성주의(Constructivism)의 교육적 함의〉,《교육과정평가연구》, 3(1), 1~15.

한상희 외(2018), 〈학생이 시민이 될 때 – 서울학생인권조례가 바꾼 우리학교〉, 서울시교육청.


**활동 기록집·토론회 자료집**

공교육 정상화를 위한 부산교육개혁연대(2004),《'학생인권 대토론회 – 학생의 인권 현실과 보호를 위한 사회적 장치 모색' 자료집》, 2004년

12월 7일.

서울학생인권조례지키기 공동대책위원회(2023), 《'학생들이 직접 말하는 학생인권 토론회 – 우리에게 물어는 봤는가?' 자료집》, 2023년 5월 19일.

조례만드는청소년(2019), 《우리는 진 게 아니라 아직 못 이긴 거야 – 조례만드는청소년의 경남학생인권조례제정운동 활동기록집》.

청소년인권운동연대 지음·청소년인권행동 아수나로(2020), 《'학생인권, 다시 다음을 말하다 – 학생인권조례 10주년 토론회' 자료집》, 2020년 12월 17일.

청소년인권운동연대 지음(2023), 《체벌이라는 이름의 국가폭력을 기록하다 – "체벌은 국가폭력이다" 캠페인 기록집》.

청소년인권활동가네트워크(2013), 《파란만장 – 청소년인권활동가네트워크 백서 2006-2012》.

충청남도 인권위원회(2018), 《헌법과 인권조례 그리고 우리의 삶 – 충남 인권조례 폐지 관련 전문가 토론회' 자료집》, 2018년 2월 27일.

학생인권법과 청소년인권을 위한 청소년-시민전국행동(2023), 《모두를 위한 조례라는 착시 – 학교구성원조례는 왜 학생인권조례의 대안이 될 수 없는가?' 토론회 자료집》, 2023년 7월 17일.

교육공동체 벗

교육공동체 벗은 협동조합을 모델로 하는 작은 지식공동체입니다.
협동조합은 공통의 목적을 가진 사람들이 모여서 만든
권력과 자본으로부터 독립된 경제조직입니다.
교육공동체 벗의 모든 사업은 조합원들이 내는 출자금과 조합비로 운영됩니다.
수익을 목적으로 하지 않기에 이윤을 좇기보다
조합원들의 삶과 성장에 필요한 일들과
교육운동에 보탬이 될 수 있는 사업들을 먼저 생각합니다.
정론직필의 교육전문지, 시류에 휩쓸리지 않는 정직한 책들,
함께 배우고 나누며 성장하는 배움 공간 등
우리 교육 현실에 필요한 것들을 우리 힘으로 만들고 함께 나누고 있습니다.


조합원 참여 안내

출자금(1구좌 일반 : 2만 원, 터잡기 : 50만 원)을 낸 후 조합비(월 1만 5천 원
이상)를 약정해 주시면 됩니다. 조합원으로 참여하시면 교육공동체 벗에서 내
는 격월간 교육전문지《오늘의 교육》과 조합통신을 받아 보실 수 있습니다. 출
자금은 종잣돈으로 가입할 때 한 번만 내시면 됩니다. 조합을 탈퇴하거나 조합
해산 시 정관에 따라 반환합니다. 터잡기 조합원은 벗의 터전을 함께 다지는 데
의미와 보람을 두며 권리와 의무에서 일반 조합원과 차이는 없습니다. 아래 홈
페이지에서 조합 가입 신청을 하실 수 있습니다.

홈페이지 communebut.com
이메일 communebut@hanmail.net
전화 02-332-0712
팩스 0505-115-0712

# 교육공동체 벗을 만드는 사람들

※하파타순

후쿠시마 미노리, 황지영, 황정일, 황정원, 황이경, 황유호성, 황영수, 황봉희, 황규선, 황고운, 홍지영, 홍정인, 홍승희, 홍순성, 홍성근, 홍성구, 홍서연, 허유영, 허유영, 허성실, 허성균, 허보영, 허광영, 합점순, 함영기, 한학범, 한세민, 한진, 한지혜, 한은숙, 한송희, 한성찬, 한석주, 한민호, 한민혁, 한만중, 한날, 한길수, 한경herb, 하주현, 하정호, 하정webb, 하인호, 하승우, 하승수, 하순배, 탁동철, 최희성, 최현숙, 최현미, 최한나, 최진규, 최주연, 최정윤, 최정아, 최은희, 최은정, 최은숙, 최윤미, 최유리, 최원herb, 최영식, 최영식, 최연희, 최연정, 최승훈, 최숙복, 최수옥, 최선자, 최선영, 최선경, 최붕선, 최보람, 최병우, 최미영, 최휴미, 최대현, 최광용, 최경미, 최경련, 채효정, 채종민, 채민정, 차종숙, 차용훈, 진현, 진주형, 진용용, 진영준, 진냥, 지정순, 지수연, 주예진, 주순영, 조희정, 조현민, 조항미, 조해수, 조진희, 조지연, 조준현, 조정희, 조유성, 조원희, 조원배, 조용진, 조영현, 조영옥, 조영실, 조영선, 조여은, 조여경, 조성희, 조성실, 조성배, 조성대, 조석연, 조석원, 조남규, 조경애, 조경아, 조경남, 조경미, 제남모, 정회영, 정홍윤, 정현숙, 정현석, 정준수, 정진영A, 정진영B, 정진규, 정주리, 정종현, 정종민, 정재학, 정이든, 정은희, 정은주, 정은균, 정유진, 정유숙, 정유섭, 정원탁, 정원석, 정용주, 정예현, 정예술, 정애순, 정소정, 정보라, 정민석, 정미숙A, 정미숙B, 정명옥, 정명영, 정득년, 정대수, 정남주, 정광호, 정광필, 정관모, 정영희, 전혜란, 전신한, 전지훈, 전정희, 전유미, 전새란, 전보애, 전병기, 전민기, 전미영, 전명훈, 전난희, 장주연, 장인herb, 장은정, 장윤영, 장원영, 장우재, 장시준, 장상욱, 장병훈, 장병학, 장봉숙, 장근영, 장군, 장경훈, 임herb정, 임향신, 임한herb, 임하영, 임지영, 임꽃희, 임종길, 임종균, 임지흥, 임철수, 임수진, 임성빈, 임선영, 임상진, 임동현, 임더연, 임경herb, 이회옥, 이희연, 이효진, 이호진, 이혜정, 이혜영, 이herb린, 이현, 이혁규, 이향숙, 이한진, 이하영, 이태영, 이태경, 이치형, 이충근, 이진herb, 이진herb, 이진주, 이진웅, 이지향, 이지영, 이지연, 이종herb, 이주herb, 이우herb, 이종herb, 이정herbA, 이정herbB, 이재herb, 이재호, 이재형, 이재두, 이임순, 이인나, 이은herbA, 이은herb, 이은형, 이은진, 이은주, 이은영, 이은숙, 이은민, 이유엽, 이윤숭, 이윤선, 이윤미, 이윤경, 이유herb진A, 이유진B, 이월녀, 이원남, 이용환, 이용석, 이용기, 이영herb, 이영주, 이영herb, 이연herb, 이연주, 이연수, 이숭herb, 이슬지, 이슬herb, 이슬herb, 이민herb, 이민herb, 이미herb, 이미숙, 이미herb, 이미herb, 이수herb, 이수연, 이수미, 이성herb, 이성호, 이성herb, 이성herb, 이성herb, 이선herb, 이선herbA, 이선herb, 이선herbA, 이선herb, 이신herb, 이상herb, 이상herb, 이상herb, 이상herb, 이병herb, 이병herb, 이병herb, 이민herb, 이민herb, 이민herb, 이미herb, 이미herb, 이미herb, 이문herb, 이명herb, 이명herb, 이동herb, 이동herb, 이동herb, 이다herb, 이남herb, 이난herb, 이나herb, 이기herb, 이기herb, 이근herb, 이근herb, 이재herb, 이계herb, 이경herb, 이경herb, 이경herb, 이경herb, 이경herb, 이건herb, 이건herb, 윤희herb, 윤홍herb, 윤종herb, 윤영herb, 윤영herb, 윤수herb, 윤상herb, 윤병herb, 윤규herb, 유재herb, 유명herb, 유수herb, 유herb, 위양herb, 원herb, 원herb, 우herb, 우herb, 우herb, 오herb, 오herb, 오herb, 오herb, 오herb, 오herb, 오herb, 오herb, 오herb, 오herb, 오herb, 오herb, 양herb, 양herb, 양herb, 양herb, 양herb, 안herb, 안herb, 안herb, 안herb, 안herb, 안herb, 안herb, 안herb, 안herb, 심herb, 심herb, 심herb, 심herb, 심herb, 신herb, 심herb, 신herb, 신herb, 신herb, 신herb, 신herb, 신herb, 신herb, 신herb, 신herb, 신herb, 신herb, 송herb, 송herb, 송herb, 송herbA, 송herbB, 송herb, 송herb, 송herb, 손herb, 손herb, 손herb, 손herb, 손herb, 손herb, 손herb, 손herb, 소herb, 성herb, 성herb, 성herb, 성herb, 설herb, 설herb, 선herb, 석herb, 석herb, 석herb, 서herb, 서herb, 서herb, 서herb, 서herb, 서herb, 서herb, 상herb, 변herb, 변herb, 백herb, 백herb, 배herb, 배herb, 배herb, 배herb, 배herb, 배herb, 배herb, 방herb, 방herb, 반herb, 박herb, 박herb, 박herb, 박herb, 박herb, 박herb, 박herb, 박herb, 박herb, 박herb, 박herb, 박herb, 박herb, 박herb, 박herb, 박herb, 박herb, 박herb, 박herb, 박herb, 박herb, 박herb, 박herb, 박herb, 박herb, 박herb, 박herb, 박herb, 박herb, 박herb, 박herb, 박herb, 박herb, 박herb, 문herb, 문herb, 문herb, 문herb, 문herb, 문herb, 모herb, 맹herb, 마herb, 류herb, 류herb, 류herb, 류herb, 류herb, 류herb, 도herb, 도herb, 데herb 타카herb, 노herb, 노herb, 노herb, 남herb, 남herb, 남herb, 남herb, 남herb, 남herb, 나herb, 남herb, 나herb, 나herb, 김herb, 김herb, 김herb, 김herb, 김herb, 김herb, 김herb, 김herbA, 김herb, 김herb, 김herb, 김herb, 김herb, 김herb, 김herb, 김herb, 김herb, 김herb, 김herb, 김herb, 김herb, 김herb, 김herb, 김herb, 김herb, 김herb, 김herb, 김herb, 김herb, 김herb, 김herb, 김herb, 김herb, 김herb, 김herb, 김herb, 김herb, 김herb, 김herb, 김herb, 김herb, 김herb, 김herb, 김herb, 김herb, 김herb, 김herb, 김herb, 김herb, 김herb, 김herb, 김herb, 김herb, 김herb, 김herb, 김herbA, 김herbB, 김herb, 김herb, 김herb, 김herb, 김herbB, 김herb, 김herb, 김herb, 김herb, 김herb, 김herb, 김herb, 김herb, 김herb, 김herb, 김herb, 김herb, 김herb, 김herb, 김herb, 김herb, 김herb, 김herb, 김herb, 김herb, 김herb, 김herb, 김herb, 김herb, 김herb, 김herb, 김herb, 김herb, 김herb, 김herb, 김herb, 김herb, 김herb, 길herb, 기herb, 금herb, 금herb, 금herb, 권herb, 권herb, 권herb, 권herb, 권herb, 권herb, 권herb, 국herb, 구herb, 구herb, 구herb, 구herb, 구herb, 구herb, 광herb, 곽herb, 곽herb, 곽herb, 곽herb, 곽herb, 공herb, 공herb, 고herb, 고herb, 고herb, 고herb, 고herb, 고herb, 고herb, 고herb, 고herb, 강herb, 강herb, 강herb, 강herb, 강herb, 강herb, 강herb, 강herb, 강herb, 강herb, 강herb, 강herb, 강herb, 강herb, 강herb, 강herb, 강herb, 강herb, 강herb, 강herb, 강herb, 강herb, 강herb

※2024년 6월 20일 기준 750명

## 학교를 바꾼 인권 선언
### 학생인권조례의 거의 모든 것

ⓒ 공현 · 진냥

2024년 6월 27일 처음 펴냄

글쓴이 | 공현, 진냥
편집부장 | 이진주
기획·편집 | 서경
출판자문위원 | 이상대, 박진환
디자인 | 이수정, 박대성
제작 | 세종 PNP

펴낸이 | 김기언
펴낸곳 | 교육공동체 벗
사무국 | 최승훈, 이진주, 설원민, 서경, 공현
출판등록 | 제2011-000022호(2011년 1월 14일)
주소 | (03971) 서울시 마포구 성미산로1길 30 2층
전화 | 02-332-0712
전송 | 0505-115-0712
홈페이지 | communebut.com

ISBN 978-89-6880-186-0 03370